MÉMOIRE

A CONSULTER

SUR QUELQUES UNES DES PRINCIPALES QUESTIONS

QUE LA RÉVOLUTION DE JUILLET

A FAIT NAÎTRE.

DE L'IMPRIMERIE DE CRAPELET,

RUE DE VAUGIRARD, N° 9, A PARIS,

MÉMOIRE

A CONSULTER

SUR QUELQUES UNES DES PRINCIPALES QUESTIONS

QUE LA RÉVOLUTION DE JUILLET

A FAIT NAÎTRE.

A PARIS,

CHEZ DELAUNAY, LIBRAIRE,

PALAIS-ROYAL, PÉRISTYLE VALOIS, Nᵒˢ 182 ET 183.

1835.

AU BON GÉNIE DU PAYS!

AU BON SENS NATIONAL!

A L'ESPRIT COURAGEUX ET DOUX,

INTELLIGENT ET MODÉRÉ, QUI INSPIRE LA FRANCE

DANS LES MOMENS OÙ ELLE AGIT

AVEC LE PLUS DE SAGESSE

ET DE BONHEUR!

Puissé-je avoir écrit sous son heureuse influence, et n'avoir rien dit qui ne soit digne de lui être dédié!

AVERTISSEMENT.

———

Ce Mémoire a été écrit à l'approche des élections politiques de 1834, après les événemens de Lyon et de Paris.

Malgré la sanglante défaite que venait d'essuyer alors l'esprit de faction, j'ai hésité à le faire paraître : il y avait trop d'exaltation dans les têtes pour que je pusse espérer d'être écouté.

Peut-être aujourd'hui consentira-t-on plus aisément à m'entendre. Le forfait inouï du 28 juillet a produit sur les esprits un effet immense, et déterminé un mouvement des plus heureux. La masse entière des bons citoyens, émue du péril que la France a couru dans la personne du Roi et des princes ses fils, a senti le besoin de se serrer autour du trône ; l'hostilité des partis a paru tout à coup émoussée ; l'opposition parlementaire a fait trève à ses incriminations, l'opposition factieuse à ses outrages ; les adversaires les moins passionnés du gouvernement se sont montrés à son égard dans de meilleures dispositions.... Peut-être est-ce le moment d'avoir, sur les principales questions, une explication nouvelle, une explication à fond, plus à fond, s'il se peut, que toutes les explications précédentes.

Je cède, en publiant cet écrit, à l'idée qu'un tel

débat n'est pas devenu encore inutile. J'ai l'espérance que le sujet, par la manière dont il est traité, ne paraîtra pas trop rebattu. Ma prétention est de montrer que l'établissement politique qui nous régit peut résister, sous tous les rapports essentiels, aux investigations de la critique la plus rigoureuse, et que la politique du juste-milieu, qui a été l'objet de tant de quolibets et de sarcasmes, est celle, incontestablement, qui a le plus de valeur philosophique, et qui est la plus manifestement digne de l'approbation des hommes éclairés. Je prie qu'on ne se cabre pas de prime-abord contre cette thèse. J'espère que la vérité que je veux établir ressortira de ce qui suit avec quelque force. Je demande seulement un peu de sang-froid et quelques heures d'attention.

Ce Mémoire a pourtant un désavantage : c'est d'avoir été écrit sur des faits déjà anciens, sur des faits écoulés depuis plus d'un an. Mais si les faits sont anciens, les questions sont encore neuves ; et le point essentiel est qu'elles aient été clairement et raisonnablement traitées. Le défaut que je signale frappera bien moins d'ailleurs, quand on sentira que les observations que je faisais il y a un an sont surabondamment justifiées et confirmées par les faits accomplis depuis cette époque.

On jugera, après m'avoir lu, si l'établissement du 7 août mérite qu'on prenne quelque soin de sa défense, et si l'on a tort d'interdire enfin à ses adver-

saires politiques, non pas d'examiner philosophiquement et de bonne foi la bonté du principe sur lequel
il se fonde et pour lequel on est loin de redouter l'é-
preuve de la discussion, mais de contester avec violence la légitimité de son titre; de l'appeler sans
cesse, les uns un gouvernement de révoltés, les autres un gouvernement de renégats; de lui dire en face
qu'il n'est pas le gouvernement; que le gouvernement
est à Prague, ou bien que le gouvernement est dans
la réunion ameutée des classes les moins instruites de
la nation, etc., etc.

Je ne m'explique point sur les moyens qui sont
proposés pour réprimer un si damnable désordre. J'ai
la ferme confiance que la sagesse des grands pouvoirs
de l'État n'adoptera pour cela, en définitive, que
des moyens dignes des hautes lumières et de la noble
et savante modération qu'ils ont montrées jusqu'ici.
On sentira que jamais les partis ne furent plus faibles; que jamais le gouvernement ne fut si fort; que
jamais, par conséquent, la modération ne fut si facile, et ne sera pourtant si honorable et si féconde
en bons résultats.

Je me borne à demander s'il n'y a pas nécessité de
prendre enfin quelque mesure pour réprimer les har-
diesses de l'esprit de faction, et s'il est un gouvernement, de quelque nature qu'il fût, qui, avec tous les
moyens possibles de se défendre, voulût consentir à
se voir, publiquement et sans relâche, méconnu, nié,
désavoué, attaqué avec fureur non seulement dans
ses actes, mais dans son existence.

Le nôtre, j'en suis convaincu, le pourrait, et l'expérience le démontre; car ses ennemis, par leur violence, sont tombés dans un tel discrédit, qu'il n'y a plus même d'émeutes possibles, et que la partie la plus immorale et la plus désespérée des factions en est réduite, pour arriver à ses fins, à recourir à l'assassinat.

Mais la question est de savoir si l'on doit tolérer plus long-temps un genre de polémique qui peut conduire à un tel excès de dépravation; la question est de savoir si, quand tous les gouvernemens du monde exigent qu'on respecte leur autorité, celui qu'a fondé la révolution de 1830 est de si peu de valeur et mérite si peu d'estime, qu'il n'y ait rien de mieux à faire que de l'abandonner sans défense à la merci des plus mauvaises passions?

On en jugera après avoir lu les pages qui suivent.

Amiens, 6 août 1835.

CH. DUNOYER,
Membre de l'Institut, Académie des Sciences morales et politiques.

TABLE DES MATIÈRES.

MÉMOIRE

A CONSULTER

SUR QUELQUES UNES DES PRINCIPALES QUESTIONS

QUE LA RÉVOLUTION DE JUILLET

A FAIT NAÎTRE.

SECTION PREMIÈRE.

SI LE NOUVEAU GOUVERNEMENT DU ROYAUME A ÉTÉ
RÉGULIÈREMENT INSTITUÉ.

CETTE première question paraîtra peut-être oiseuse. Qui se soucie maintenant de savoir si le nouveau régime a été régulièrement institué ? La chose, dira-t-on, est suffisamment décidée par le fait. Il ne faut pas que le gouvernement ait été trop mal établi, puisqu'il dure ; puisque, soumis, depuis bientôt quatre ans, aux plus terribles épreuves que jamais gouvernement ait eu à subir, non seulement il n'est pas ébranlé, mais il prend chaque jour plus d'assiette, et s'affermit par les efforts mêmes que l'on fait pour le renverser.

La question pourtant est loin d'être inutile. Il a été professé sur ce sujet, par des hommes de talent, des erreurs qui ont fait une sorte de fortune, et qui dominent encore, en dépit des faits, un assez grand nombre d'esprits. Tous ceux qui croient le gouvernement fort en réalité ne sont pas convaincus qu'il ait été régulièrement institué en principe. C'est au contraire une idée assez répandue qu'on s'est écarté de ce qu'on appelle *la rigueur des principes* dans la constitution originaire du gouvernement. Cette opinion est surtout celle des hommes qui se piquent de mettre de la philosophie dans l'étude de la politique, celle de la jeunesse de nos grandes écoles, et celle en général de toute cette partie de la nation sur qui les doctrines républicaines ont le plus de crédit. Il ne sera donc pas superflu de s'y arrêter. Il y a ici des vérités fondamentales à établir, et des préjugés capitaux à détruire.

Le système professé sur la question posée plus haut est bien connu. Il consiste à dire « que le gouvernement, en se constituant, n'a pas été conséquent à son principe. Issu de la révolution de juillet, né de la volonté du peuple, il aurait fallu, a-t-on observé, pour que son institution fût régulière, qu'il fût fondé sur l'assentiment de l'universalité des citoyens ; qu'il fût établi par un congrès national élu par le peuple en assemblées primaires, et non par quelques députés élus par quelques électeurs. Tant qu'il n'aura pour fondement qu'un corps électoral de quelques cent mille individus, il péchera essentiellement par la base. Il est immoral, il est absurde que cent cinquante mille électeurs décident du sort de trente-trois millions de citoyens. »

Je ne m'arrête pas à faire remarquer ce qu'il y a d'inexact dans cette énonciation, que le nouveau régime a été fondé par quelques députés élus par quelques électeurs. On conçoit que la passion se permette de ces hyperboles ; mais comment reconnaître à de telles exagérations le langage d'hommes qui se piquent de philosophie, et qui ont la prétention de passer pour plus savans, pour meilleurs observateurs que beaucoup d'autres ? Dans quel pays du monde a-t-on observé que quelques hommes, pour ainsi dire sans mandat, eussent le pouvoir de fonder une domination nouvelle ? A qui veut-on persuader qu'une poignée d'hommes sans qualité a pu instituer un nouveau gouvernement dans un pays comme le nôtre, et l'y maintenir quatre ans au milieu des plus continues, des plus variées, des plus violentes agressions? L'observation la plus superficielle ne suffit-elle pas pour avertir qu'un tel fait n'a pu s'accomplir que par le concours d'une masse immense d'idées, de sentimens, d'intérêts, de volontés, et que par conséquent les *quelques députés sans mandat* qui ont fondé l'établissement politique existant aujourd'hui parmi nous, ont exprimé le vœu exprès ou tacite d'une très notable partie de la nation? Mais laissons cela. Il ne s'agit pas, pour l'instant, de savoir comment la chose s'est faite. Je ne serai pas embarrassé de montrer tout à l'heure qu'elle s'est accomplie précisément comme elle devait s'accomplir : il s'agit d'abord d'apprécier le mode suivant lequel les hommes qui prétendent faire de la politique philosophique estiment qu'il fallait procéder.

« Un gouvernement né de la volonté du peuple ne pouvait être régulièrement institué que par le vote universel des citoyens.... Il est absurde de vouloir que cent cinquante mille électeurs décident du sort de trente-trois millions d'hommes... »

Faut-il le dire? Ce qui est bien décidément absurde, c'est de vouloir qu'un gouvernement ne puisse être légitimement établi que par le concours de l'universalité des habitans d'un pays.

S'il ne pouvait y avoir de gouvernement légitime qu'à ce prix, il faudrait dire hardiment qu'il n'y a pas de gouvernement légitime possible. Il n'y a en effet aucune possibilité de faire concourir à l'institution du gouvernement d'un grand pays l'universalité de ses habitans. Par la force même des choses, des exceptions, de très nombreuses exceptions, sont inévitables ; et les hommes à principes qui nous ont si souvent parlé de ces trente-trois millions d'hommes qui auraient dû donner leur vote pour que le nouveau gouvernement fût régulièrement établi, savent très bien qu'en fait, et avec la meilleure et la plus libérale volonté du monde, ils n'auraient pu admettre à voter qu'une fraction extrêmement minime de ces trente-trois millions.

En effet, qu'on veuille bien se donner la peine de décomposer un peu cette grande masse de trente-trois millions d'hommes, et l'on s'apercevra à l'instant même qu'elle est formée, pour la plus grande partie, de femmes, d'enfans, d'adolescens, de mineurs de tous les sexes et de tous les âges, depuis la naissance jusqu'à la majorité ; et l'on sera forcé de reconnaître qu'il s'y trouve également un grand nombre de gens à gages, d'infirmes, d'idiots, de fous, de faillis, de gens vicieux, de criminels repris de justice, et enfermés dans les prisons ou dans les bagnes. Décide-t-on que les femmes resteront éloignées des comices nationaux? les trente-trois millions de votans se trouvent tout d'un coup réduits à seize. Veut-on en exclure les mineurs? la loi de la population nous fait connaître que les seize millions vont tomber à moins de sept. Persiste-t-on à repousser les domestiques, les interdits, les banqueroutiers, les condamnés à des peines infamantes? au lieu de sept millions de votans, il n'y en aura plus que trois ou quatre; encore, sur ces trois ou quatre millions restans d'individus mâles, majeurs et matériellement sains, s'en trouvera-t-il plus des trois quarts d'indifférens, de neutres, de nuls, qu'on appellera vainement aux assemblées primaires, et qui, admis de droit à ces assemblées, n'y paraîtront pas de fait.

Voilà donc, pour peu qu'on eût voulu écarter de ces assemblées primaires, qu'il fallait, dit-on, convoquer après juillet, ce qu'il était impossible d'y faire figurer, que le peuple de trente-trois millions d'hommes se serait trouvé réduit à environ un million ou un million et demi de citoyens.

Mais alors que serait devenu le principe de la souveraineté du peuple? Et qu'est-ce qui aurait empêché qu'on ne fît contre un congrès élu par un million de citoyens tous les raisonnemens qu'on a faits contre la Chambre élue par cent mille électeurs? Il est clair que les argumens des professeurs du vote universel auraient pu se reproduire encore ici dans toute leur force. De quel droit, aurait-on demandé, des assemblées primaires incomplètes ont-elles parlé pour le peuple? De quel droit ont-elles donné pouvoir de faire une constitution? Peut-on donner ce qu'on n'a pas? Ces assemblées étaient-elles le peuple? Un million ou un million et demi d'individus sont-ils trente-trois millions de citoyens?

Le principe posé, la logique aurait donc voulu qu'on fît voter absolument tout le monde.

Mais ce n'est pas tout. On n'aurait pas établi d'exceptions, on aurait fait voter, en effet, tous les habitans du royaume, qu'on n'aurait pas été plus avancé, et le plus mince logicien aurait bientôt prouvé au gouvernement qu'il ne tenait compte de la souveraineté du peuple. En effet, le peuple existant dans un moment donné peut bien disposer de lui-même; mais, d'après le principe de la souveraineté populaire, il ne peut pas disposer du peuple qui lui succédera. Vous venez, dites-vous, de disposer du sort de la France? Vous n'avez pu disposer que de vous. Le corps politique se renouvelle sans cesse. Demain, ce soir, dans une heure, des milliers de citoyens seront arrivés politiquement à la vie. Vous n'avez pu décider de leur sort par avance. Ils ne sauraient être liés par des votes auxquels

ils n'ont pris aucune part ; de quel droit, génération de la veille, prétendriez-vous enchaîner
les générations du lendemain? vous violez le
principe de la souveraineté du peuple.

De sorte que, pour rester conséquent à ce
principe, il aurait fallu, d'impérieuse nécessité,
deux choses également impraticables : faire voter
absolument tout le monde, et tenir le peuple
perpétuellement assemblé. Je suis fâché d'arriver
à des conséquences si folles ; mais est-ce ma faute?
Je suis inévitablement conduit là par le principe
de la souveraineté du peuple tel qu'il est com-
munément professé.

Le fait est que ce principe, ainsi qu'on l'entend, est l'absurdité et l'impossibilité mêmes.
Ce que certains journaux ont écrit là-dessus depuis trois ans est de la véritable *blague,* qu'on
me passe la bassesse du terme en faveur de sa justesse et de sa propriété. En fait, il n'y a pas de
pays au monde où le gouvernement repose sur
les votes de l'universalité des habitans. En principe, il ne peut pas y en avoir ; car on ne peut
pas faire que la plus grande partie, que l'immense
majorité numérique d'un peuple, ne soit pas composée d'individus qu'il est matériellement impossible de faire participer à l'exercice de la
souveraineté, et les hommes à principes rigoureux, qui reprochent à cet égard au gouverne-

ment de faire des classifications arbitraires, tombent comme lui, et beaucoup plus que lui peut-être, dans l'arbitraire des éliminations.

Ainsi, par exemple, tel publiciste, de l'école que j'attaque ici, écarte de l'exercice des droits politiques tout ce qui ne paie pas 25 francs d'impôt, tel autre tout ce qui n'en paie pas 50, tel encore tout ce qui ne sait pas lire et écrire. L'un favorise l'aristocratie de la richesse, l'autre celle de la science. J'en connais qui se contenteraient d'un corps électoral de cinq à six cent mille électeurs, et qui consentiraient à réduire des cinquante-neuf soixantièmes le peuple souverain de trente-trois millions d'hommes. M. de Cormenin, le plus libéral de tous, raie d'un mot toutes les femmes du livre de la vie politique, et, en fait de souveraineté du peuple, ne reconnaît que la souveraineté du peuple masculin. Le même écrivain écarte encore tous les hommes qui n'ont pas vingt et un ans accomplis, autre exclusion passablement capricieuse; car pourquoi faut-il avoir juste vingt et un ans? pourquoi ne suffit-il pas de vingt et demi, de vingt, de dix-neuf, de dix-huit? M. de Cormenin oserait-il supposer que les mineurs de vingt ans ne sont pas aussi capables que les majeurs de vingt et un? Ne craindrait-il pas qu'imitant son langage, ils ne lui dissent que c'est là une insolence et non pas une objection? (1) Le fait est qu'il n'y a pas plus de raison que de limite aux éliminations que prononcent les écrivains de son école, et que ceux dont les principes sont les plus larges et ont l'air d'être les plus sûrs, excluent encore arbitrairement des millions d'hommes de toute participation au prétendu vote universel.

Je dois ajouter maintenant que ce recours au vote universel, qui est recommandé comme le seul vrai moyen de découvrir le vœu *politique* d'une nation, est au contraire un moyen assuré de ne le pas connaître. Veut-on savoir pourquoi? La raison en est bien simple : c'est que le vrai moyen de ne pas connaître ce vœu, c'est de le chercher hors de la sphère d'action dans laquelle il se manifeste. Tous les habitans d'un pays vivent-ils, dites-moi, de cette vie politique qui anime les partis? Non sans doute; il est, au contraire, bien constant que le plus grand nombre reste étranger aux difficultés qui les divisent, et ne connaît pas l'état de la question. Que faites-vous donc si vous appelez à la ré-

------

(1) « Si l'on prétendait que nous n'avons pas la même capacité, nous pourrions nous contenter de répondre que ce n'est pas là une objection, mais une insolence..... » (Cormenin, *Pétition à la Chambre des Députés, pour demander une réforme parlementaire.*)

soudre des masses d'individus à qui *de fait* elle est étrangère? N'est-il pas évident que vous travaillez à en fausser la solution?

Mais alors à qui s'adresser, demandera-t-on sans doute, et par quel procédé, exempt d'artifice et d'arbitraire, parvenir à démêler le véritable vœu politique d'une nation?

Je réponds que ce vœu résulte tout naturellement de la lutte des partis qui la divisent. Il y a, *en tout temps*, dans la population politique d'un pays, dans la portion de ses habitans qui est née à la vie publique, un certain système d'idées, d'affections, d'intérêts publics, qui l'emporte avec plus ou moins d'autorité sur tous les autres systèmes du même ordre, et qui parvient à rallier autour de lui et à organiser dans l'intérêt de ses maximes, la masse des forces du pays. C'est à ce système prédominant qu'appartient la souveraineté nationale.

Et il ne faut pas dire qu'il n'en doit pas être ainsi, que la nature des choses se trompe, qu'elle n'agit pas selon les vrais principes; que tous les votes devraient être recueillis et le gouvernement être donné à la majorité des voix de tous les habitans du territoire; car cela ne changerait absolument rien à l'état des faits, et les choses se passeraient tout de la même manière.

En fait, la question de savoir à qui doit ap-

partenir la souveraineté se renferme toujours
dans le cercle plus ou moins vaste, plus ou
moins circonscrit où s'agite la politique, et, en
fait aussi, elle appartient toujours au système
qui rallie à lui le plus de forces, dans cette
sphère spéciale d'activité. Il n'y a là rien d'arti-
ficiel, rien d'arbitraire. Je ne dis pas que la souveraineté doive résider dans les mains de huit
cent, douze cent, quinze cent mille citoyens,
ou bien dans celles de tous les citoyens sachant
lire et écrire, ou bien dans celles de tous les
citoyens mâles et majeurs, ou bien dans celles
des censitaires à 25, 50, 100, 150, 200, 300 fr. :
je dis qu'en fait elle appartient au système politique qui rallie le plus d'affections et d'intelligences dans le cercle des hommes politiquement
actifs; que si, par exemple, le législateur a cru
pouvoir la fixer dans les deux cent mille familles
les plus aisées du territoire, et si elle s'y arrête,
c'est qu'apparemment il y a dans l'état de la population des raisons suffisantes pour qu'elle ne
descende pas plus bas; c'est que les hommes
placés en dehors du corps politique éprouvent
faiblement le désir d'y entrer ou ne possèdent
pas encore les moyens de s'en faire ouvrir la
porte.

J'ajoute que ce qui a lieu en fait est aussi ce
que veut le droit. Il ne serait pas conforme au

droit que des hommes fussent appelés à la vie publique avant de vivre de cette vie, avant d'y être nés, d'y avoir grandi, d'être devenus sensibles aux intérêts politiques, d'en avoir acquis l'intelligence, d'avoir conçu le désir et manifesté d'une manière honorable, éclairée, ferme, persévérante, la volonté de s'en mêler. Ce que le droit prescrit, c'est que la direction politique du pays se concentre dans sa population politique et tombe, au sein de cette population, dans les mains du parti qui a réellement la majorité.

Est-ce là ce qui a eu lieu après la révolution de 1830? Voilà la seule question qu'il soit besoin de résoudre pour juger si le nouveau régime a été légitimement institué.

Je n'hésite pas à faire une réponse affirmative.

La question de savoir à qui devait appartenir le pouvoir a été débattue entre les divers partis qui divisaient le royaume; elle l'a été avec une liberté qui est allée souvent jusqu'à la violence : le pouvoir est resté tout naturellement aux mains du parti qui avait la majorité.

Qu'est-on venu dire que le gouvernement avait été fondé par quelques députés sans mandat, par les élus de quelque cent mille électeurs? La Chambre formée de ces Députés était le fruit de quinze ans de débats entre les divers partis qui divisaient la France. Sans doute elle n'était pas issue des assemblées primaires, et c'était là un de ses principaux mérites; car ces assemblées, qui ne savaient pas le premier mot des questions à l'ordre du jour, n'auraient pu faire évidemment que de mauvais choix. Mais elle était sortie d'une meilleure source; elle avait été élaborée au foyer même de toutes les idées, de tous les intérêts, de toutes les passions politiques, qui agitaient le pays; elle était née de la lutte animée de toutes les opinions; et elle représentait d'autant plus sincèrement celle qui s'y trouvait en majorité que celle-ci avait été moins favorisée par la législation électorale, et qu'elle avait eu plus d'efforts à faire pour arriver à la Chambre en majorité.

On a donc faussé absolument les faits, quand on a affecté de ne voir que quelques députés sans mandat dans la majorité qui avait fondé le nouveau régime. Cette majorité était, au vrai, la représentation laborieusement conquise, l'expression péniblement arrachée et devenue manifeste, malgré tous les obstacles, de l'opinion politique dominante dans le pays.

Mais, pourrait-on observer, par cela même que cette expression de l'opinion dominante avait été péniblement arrachée, il semble qu'elle ne pouvait être que faible et peu fidèle; et le fait est, continue-t-on, que la majorité des 221 ne représentait que cette opinion moyenne, moitié libérale et moitié ministérielle, qui ne professait que des moitiés de vérités et qu'on a baptisée du nom de parti du milieu. Ce n'était ni par elle ni pour elle que la révolution avait été faite, et l'intronisation du juste-milieu a été une véritable usurpation.

C'est ce qu'il faut voir.

La restauration avait eu constamment affaire à deux oppositions d'une nature fort différente : l'une factieuse, l'autre légale ; l'une qui voulait la contraindre à se soumettre à l'ordre constitutionnel établi, l'autre qui nourrissait en secret le dessein de la détruire ; l'une qui allait à son but en propageant l'instruction, en formant les citoyens à l'exercice des droits politiques ; l'autre, pour qui cet exercice n'était qu'un jeu, un prélude, une manière de pelotter en attendant partie, une façon d'attendre qu'on trouvât l'occasion de procéder à quelque chose de plus sérieux, et qui attendait cette occasion avec impatience, qui était toujours prête à la saisir, qui avait constamment travaillé à la faire naître, qui avait fait la révolution du 20 mars, qui avait conspiré à Béfort, à Paris, à Colmar, à la Rochelle, à Saumur. Ces deux partis ont également pris part au soulèvement des trois jours ; mais on sent, connaissant leur nature, qu'ils ont dû s'y porter avec des idées et des affections fort différentes. Quel était, au vrai, celui qu'appuyait l'opinion politique en majorité dans le pays?

La réponse est facile; elle est donnée par l'événement : c'est le parti qui a prévalu.

Que signifie, de la part de gens qui se piquent d'apporter quelque philosophie dans l'observation des faits politiques, les cris qu'on fait entendre contre ce parti? Y a-t-il dans son avénement quelque chose qui sorte des voies naturelles? Le ciel a-t-il fait un miracle en faveur du juste-milieu? Si c'est l'opposition qui devrait être à la tête des affaires, pourquoi ne s'y trouve-t-elle pas? et pourquoi le parti du milieu s'y trouverait-il, s'il ne devait pas y être? Les phénomènes politiques n'ont-ils pas leurs lois aussi-bien que les autres, et arrive-t-il ici, comme dans tout le reste, autre chose que ce qui doit naturellement arriver?

« Le juste-milieu, dit-on, est un parti faible, un parti sans caractère déterminé; il n'a pris qu'une part peu active aux événemens des trois jours; ce n'est pas lui qui a renversé le trône du roi parjure; ce n'est pas lui, par conséquent, qui a dû se trouver le plus près du pouvoir au moment où la révolution a été accomplie.... Comment donc se fait-il que ce soit dans ses mains que le pouvoir soit venu prendre place?

Les hommes du mouvement, au contraire, étaient les premiers et les plus ardens à l'assaut; ce sont eux qui ont culbuté l'ancien trône; ce sont eux, par conséquent, qui se trouvaient le plus près du pouvoir quand il a été abattu. Ils étaient au cœur de la place; ils y étaient avec la force d'impulsion qu'ils avaient acquise durant le combat, avec l'autorité que leur donnait la victoire, avec l'appui de la nation tout entière, qui leur montrait, s'il faut les croire, autant de sympathie qu'elle avait d'éloignement pour le parti du milieu.... — Comment donc se peut-il qu'ils ne soient pas demeurés les maîtres?

A moins que l'opposition *philosophique* ne pense que le diable s'en est mêlé et que tout ceci tient du sortilége, il n'y a visiblement à donner de ces faits qu'une explication raisonnable : c'est que la majorité politique du pays n'était pas avec le mouvement, autant que le mouvement a pu le croire; c'est qu'elle était moins vive que les hommes qui s'étaient soulevés par esprit de révolution; c'est qu'elle sympathisait davantage avec ceux qui avaient pris part au soulèvement par esprit de conservation et de simple résistance au désordre, et l'observation démontre que cette explication est d'accord avec les faits.

2

En effet, qu'on se le rappelle, le pays, depuis les cent jours, n'avait, malgré son peu de sympathie pour la branche aînée des Bourbons, prêté aucun appui aux hommes qui faisaient contre le gouvernement une opposition factieuse. Toutes les conspirations avaient échoué; toutes les tentatives de soulèvement avaient été vaines. Ce n'a été que lorsque le gouvernement a commis le crime de renverser la constitution établie qu'elle s'est laissée entraîner à prêter main-forte à ceux qui se levaient pour le détruire; encore ne les a-t-elle assistés qu'un moment et seulement le temps nécessaire pour faire cesser le trouble causé; car sitôt que l'ordre constitutionnel a été rétabli et confié à des mains plus intelligentes et plus fidèles, elle a cessé de soutenir les hommes de révolution et les a laissés retomber dans leur première solitude. Si bien que toutes les entreprises violentes qui ont suivi la révolution des trois jours ont été aussi vaines que celles qui l'avaient précédée, et que depuis les premières émeutes jusqu'aux dernières, depuis celle du 3 août 1830 jusqu'à celles des 5 et 6 juin 1832, depuis celles de 1832 jusqu'aux dernières et récentes entreprises de 1834, elles ont toutes échoué. Il est vrai que les hommes d'action dont je parle sont loin d'avoir été aussi habiles qu'ils se sont montrés entreprenans. Il faut bien, pour qu'ils aient été si constamment repoussés, qu'ils aient des torts de quelque espèce ; mais le fait est qu'ils ont été repoussés, et ils ont eu beau, depuis trois ans, se démener, crier, agir des pieds et des mains, user et abuser de leurs forces, ils n'ont pas fait, il faut bien le reconnaître, que le vœu public se soit déclaré pour eux.

D'un autre côté, le parti du milieu a obtenu des avantages continuels et acquis toujours plus d'assiette. Si le pays, durant la restauration, n'avait appuyé aucun essai de révolte, il y avait eu chaque année de plus grands efforts tentés pour faire arriver à la Chambre une majorité conservatrice de l'ordre constitutionnel, et disposée à améliorer les institutions et les lois du royaume. On ne s'était laissé rebuter par aucune difficulté, et, malgré les vices calculés des lois électorales, et le peu de loyauté apportée à leur exécution, on avait fini par conquérir cette majorité, et l'on était disposé à la défendre contre toute entreprise violente. C'est en vain qu'on avait dissous la Chambre : la majorité constitutionnelle avait été intégralement réélue. C'est en vain qu'on avait publié les fatales ordonnances : le pays, cette fois, avait consenti à appuyer les hommes d'action contre le gouvernement en révolte, et la majo-

rité de la Chambre avait survécu à ce coup
d'État.

Dira-t-on que cette majorité, si lentement, si
laborieusement acquise, ne répondait réellement pas aux vœux du pays? Je répondrai que
le pays l'a maintenue après que la révolution a
été faite, et que des élections nombreuses, opérées dans les trois ou quatre mois de la révolution (au mois d'octobre 1830), ont été faites
dans le sens de la majorité.

Objectera-t-on que ces élections ont été opérées avec les colléges vicieux du précédent régime? Je dirai que déjà, à cette époque, le
système électoral avait reçu de notables améliorations; je répondrai surtout que les élections
générales de 1831, faites avec une loi d'élection
incomparablement plus libérale que celles qui
avaient précédé, ont produit une majorité peu
différente de celle qui s'était lentement formée
sous la restauration, et que l'établissement politique du 7 août a été défendu par la majorité
de 1831 comme par celle de 1830.

Dira-t-on que la nouvelle législation électorale est très imparfaite encore, et qu'il n'y a
pas moyen, par l'intermédiaire de cette législation, de connaître les vœux réels du pays? Sans
m'expliquer ici sur la loi du 19 avril, je dirai,
et l'on en conviendra sans doute, que le système

électoral de la restauration était incomparablement plus imparfait que celui du nouveau régime, et que, malgré les obstacles presque
insurmontables que l'ancien système opposait à
la sincère manifestation du vœu public, ce vœu
avait trouvé moyen de se produire; qu'ainsi la
volonté nationale ne peut pas avoir aujourd'hui
plus de peine à se manifester, et que si la majorité sortie des nouveaux colléges ne s'est pas
montrée contraire à l'établissement du 7 août,
on a la plus juste raison de croire que la majorité
politique du pays appuie cet établissement de son
suffrage. On ne persuadera à personne qu'avec
l'extension qui a été donnée à la presse, aux
droits électoraux et à toutes les libertés publiques, la nation, si elle avait été contraire au
nouveau régime, n'eût pas trouvé moyen de le
faire voir.

L'observation des faits démontre donc avec
évidence que le gouvernement a été institué
par la majorité politique du pays, et qu'il est
l'expression de la volonté nationale, dans la
seule acception réelle et praticable qu'il soit
possible de donner à ce mot.

Sûrement cette majorité n'est pas parfaite;
et quelque progrès que le pays puisse avoir faits,
quelque expérience qu'il ait acquise, je n'ai
nulle peine à confesser que, sur bien des points,

il y a loin, et très loin encore, de la souveraineté telle qu'elle est à la souveraineté telle qu'elle
devrait être ; mais enfin la majorité qui règne
n'en est pas moins la majorité politique du pays ;
cela est prouvé, depuis quatre ans, par tout ce
qui se passe ; cela est démontré par le résultat
de tous les mouvemens réguliers et irréguliers
des partis, et l'on ne pourrait éviter, par conséquent, de considérer comme légitimement
institué le gouvernement établi et soutenu par
son suffrage.

Ainsi qu'on fasse le procès tant qu'on voudra
à la majorité qui a eu la puissance de fonder le
nouveau gouvernement ; qu'on dise qu'il lui
reste bien des progrès à faire ; qu'elle est loin
encore d'être avancée ; qu'elle est moins avancée
que tel membre de la minorité qui lui fait la
guerre.... Je répondrai que cela est possible, que
cela est probable, que cela doit être certain
même, et j'ajouterai, pour être complétement
exact, que cela est inévitable, et que la majorité,
par cela seul qu'elle est la majorité, ne peut pas
être ce qu'il y a de plus avancé dans un pays ;
que la majorité, par sa nature, doit se trouver
dans les régions moyennes ; que le commun des
hommes ne peut savoir une chose aussi bien que
ceux qui s'en occupent exclusivement ; qu'il y a,
dans toutes les carrières ouvertes à l'activité et à

l'intelligence humaine, des hommes spéciaux qui se trouvent en avant des autres; que cela a lieu dans le gouvernement comme dans tout le reste : je souhaiterai, en conséquence, que les esprits supérieurs, que les politiques spéciaux, qui sont ou qui croient être en avant de la majorité, l'attirent habilement à eux, s'efforcent de la rendre plus intelligente et plus morale; mais j'observerai que le gouvernement, qui ne peut se passer de la majorité, et qui est obligé de la prendre où elle se trouve, ne peut se mettre avec ces esprits supérieurs que lorsqu'ils sont parvenus eux-mêmes à élever jusqu'à eux la majorité; et j'ajouterai que, tant qu'il est avec la majorité, il est précisément où il doit être, et qu'un gouvernement fondé sur la vraie majorité politique d'un pays est aussi légitime que puisse l'être un gouvernement.

Je ne quitterai pas ce sujet sans répondre à une dernière objection.

Suivant l'opposition philosophique, le gouvernement, pour être régulièrement institué, aurait dû l'être non seulement par un congrès issu des assemblées primaires, mais encore *par un congrès élu* AD HOC.

J'ai suffisamment établi, je crois, que l'assemblée par qui le gouvernement a été constitué exprimait la pensée politique du pays infiniment mieux que ne l'eût fait un corps sorti des assemblées primaires. Mais était-il donc nécessaire que cette assemblée eût reçu un mandat spécial? Ce mandat n'était-il pas suffisamment exprimé dans les votes de tous les colléges qui avaient concouru à former la Chambre? La principale mission de tous les députés libéraux n'était-elle pas de maintenir et de perfectionner les institutions politiques du pays? et s'il arrivait que ces institutions, au moment où l'on devait le moins s'y attendre, fussent foulées aux pieds par le gouvernement, et qu'il y eût lieu de procéder à l'institution d'un gouvernement nouveau, peut-on dire que la Chambre était sans pouvoir pour concourir à cette œuvre, ou que ses pouvoirs étaient expirés juste au moment où ils lui devenaient le plus nécessaires, et où elle pouvait en user avec le plus de fruit?

Il lui fallait des pouvoirs spéciaux pour faire des lois constitutionnelles! Mais quelles sont les lois qu'on appelle ainsi? Est-ce que la plupart des lois d'un pays ne sont pas des lois constitutionnelles? Est-ce que les lois qui instituent la famille, qui organisent la municipalité, le département, la garde nationale, les corps électoraux, le jury, l'ordre judiciaire dans tous ses degrés, ne sont pas des lois constitutionnelles?

Et pourquoi d'ailleurs faudrait-il, pour faire

des lois constitutionnelles, des corps législatifs spéciaux ? Est-ce que toutes les lois possibles ne doivent pas être l'expression du vœu de la majorité? est-ce qu'il faut des hommes meilleurs pour faire les lois constitutionnelles que pour faire les autres lois ? est-ce que, pour faire toutes les lois possibles, ordinaires ou extraordinaires, constitutionnelles ou non constitutionnelles, il ne faut pas choisir les meilleurs hommes qui se puissent trouver dans le pays à qui sont données ces lois ?

On observe que ce qu'une législature fait une autre pourrait le défaire, et qu'une constitution, pour être stable, a besoin d'être établie par un pouvoir supérieur au pouvoir législatif, par une assemblée constituante; qu'il n'y a pas d'autre garantie de sa durée. Belle garantie, certes! Est-ce que la seule vraie garantie d'une loi quelconque n'est pas dans son plus ou moins de rapport avec les besoins réels et sentis de la population pour qui elle est faite, dans le prix que cette population y attache, dans la force avec laquelle elle y tient? Est-ce qu'il est possible de suppléer à l'assentiment public par la solennité des formes législatives? La Constitution de 1791 avait été faite par une assemblée nationale et constituante : elle ne put durer une année. La Charte de 1814 a été soi-disant octroyée par un seul homme : elle dure depuis vingt ans, et la dynastie qui ne s'était pas crue assez forte pour la refuser, a péri en voulant la détruire ; et cette loi si imparfaite est sortie victorieuse et perfectionnée de la lutte sanglante où cette dynastie s'était témérairement engagée contre elle.

Le moyen d'ailleurs de faire une constitution si elle ne peut être faite par des pouvoirs constitués? Est-ce que tout pouvoir créé pour agir n'a pas plus ou moins ce caractère? est-ce que les assemblées constituantes ne sont pas elles-mêmes des corps constitués? est-ce qu'il ne faut pas constituer les assemblées constituantes avant qu'elles fassent la constitution? et, pour aller plus loin encore, pour arriver jusqu'à la population, est-ce que les assemblées primaires ne sont pas elles-mêmes des pouvoirs constitués? est-ce qu'il ne faut pas que quelqu'un détermine par avance de qui elles seront formées et comment elles procéderont?

Comment donc faire si la constitution ne peut être l'ouvrage de pouvoirs constitués, et s'il faut arriver à un pouvoir qui ne procède que de lui-même? N'est-il pas clair qu'il faudra arriver au pouvoir quelconque qui prévaut de fait dans le pays, et si l'on admet que ce pouvoir a qualité pour faire la chose de toutes la plus fondamen-

tale, pour organiser d'abord les assemblées primaires, pour dire quelle partie du peuple aura
droit d'y entrer, et comment elles procéderont,
et quels pouvoirs elles pourront conférer à leurs
mandataires, n'est-il pas raisonnable de penser
qu'il peut lui être permis de faire des choses
moins radicales que celle-là ?

Laissons donc de côté toute cette puérile lo-
gomachie de pouvoirs constituans, de pouvoirs
constitués, et tenons-nous aux seuls principes
d'une valeur réelle, à savoir que la chose véritablement désirable à l'origine d'un gouvernement nouveau, c'est que ce gouvernement soit
institué par des hommes ayant crédit et autorité
dans le pays, répondant aux idées et aux affections qui y dominent, et, en second lieu, que
les principes et les formes de l'institution soient
d'accord avec les idées politiques qui y sont le
plus généralement reçues.

Eh bien, le gouvernement du 7 août a été
institué par une majorité née, comme je l'ai dit,
de quinze ans de débats politiques, due au
concours animé de toutes les opinions, sortie des
élections le plus opiniâtrément disputées ; et la
Charte, sur laquelle ce gouvernement repose, a
résumé, non pas, je me garderais de le dire,
plus de principes de liberté constitutionnelle
qu'il n'était permis d'en désirer, qu'il n'est rai-

sonnable d'en attendre pour notre pays; mais plus, je l'affirmerai hardiment, qu'il n'y en avait encore de solidement établis dans les idées et surtout dans les habitudes nationales. Elle est allée au-delà plus qu'elle n'est restée en deçà des besoins politiques du moment.

En voilà assez, je pense, pour trouver au régime nouveau une origine juste, sensée, philosophique; en voilà assez pour justifier dans son principe un gouvernement que le fait a consacré, et contre lequel la haine des partis s'est montrée depuis quatre ans si impuissante! qui a reçu des marques d'adhésion si éclatantes et si multipliées!

SECTION II.

Nous venons de voir comment le nouveau régime a été établi. Nous allons examiner comment il procède, et si ses méthodes sont dignes de l'approbation des hommes éclairés.

Le gouvernement, comme tous les arts qu'embrasse l'économie sociale, est soumis aux lois du mouvement et du progrès : on sent à merveille que, lorsque tout se meut autour de lui, que chacun travaille à corriger son usine, à mieux monter sa ferme, à mieux arranger son école, sa fabrique ; que lorsqu'il n'est pas un art qui ne cherche à perfectionner ses procédés, il ne peut pas, lui, demeurer immobile, et refuser de se soumettre à ce besoin universel d'arrangement et d'améliorations.

Je puis ajouter que cette obligation imposée à tous les gouvernemens de se prêter aux améliorations que le temps a rendues nécessaires, est particulièrement impérieuse pour notre nouvel établissement politique, qui succède à un gouvernement tombé pour avoir osé dire : *Plus de concessions*, et pour avoir tenté violemment de se placer dans une situation où il pût

se dispenser de rien accorder à l'esprit de réforme.

Mais comment, de quel pas, suivant quelle
méthode, les réformes doivent-elles s'opérer?
Quelle est la manière dont il convient que procède à des améliorations un gouvernement qui
se pique, non seulement de prudence et d'habileté dans le soin de sa conservation person-
nelle, mais encore de justice et de bienveillance
envers les peuples soumis à son administration?

Cette question des méthodes que les gouvernemens doivent appliquer à leur propre réforme
et à la correction des lois qu'ils sont chargés de
faire exécuter, est d'un intérêt immense. Son
importance, surtout dans l'état présent de l'Europe, et au milieu de sociétés mobiles et puissantes, qui travaillent avec ardeur au perfec-
tionnement de tous leurs arts, le gouvernement
compris, son importance, dis-je, est telle que
je n'en connais pas dont l'examen approfondi
et la solution éclairée doive paraître plus désirable.

C'est là vraiment la question à résoudre entre
les gouvernemens et les populations. On est certainement moins divisé sur les réformes elles-
mêmes que sur la manière dont elles doivent
s'accomplir. Tant qu'on ne saura pas comment
doivent s'opérer les réformes, tant qu'il y aura

à craindre, à chaque moment, des soulèvemens et des prises d'armes de la part des réformateurs, il sera impossible que les gouvernemens ne restent pas armés de pied en cap et ne se tiennent pas continuellement sur leurs gardes. Pour qu'un désarmement fût possible, il faudrait, d'une part, que la loi du progrès fût avouée, et d'un autre côté, que celle des méthodes fût convenue; il faudrait que les gouvernemens reconnussent que les lois, comme tout le reste, sont susceptibles de changemens utiles, et que les populations sussent bien, de leur côté, qu'elles ne peuvent avancer que suivant de certaines lois. Malheureusement, tandis que certaines dominations veulent que rien ne bouge et ne se déplace, des milliers de réformateurs semblent vouloir que tout change sans ordre, sans mesure, sans repos.

Rien n'est si commun aujourd'hui que de voir des hommes prétendus progressifs presser avec emportement, comme des biens qu'il n'est pas permis de faire attendre, comme d'indispensables progrès, des choses monstrueuses, inouïes, absolument impraticables. Mais une chose qui n'est guère moins habituelle, c'est que des hommes capables de former des vœux plus sensés se trompent gravement sur les moyens de les accomplir et sur le moment où l'accomplissement en sera possible.

La première méprise des réformateurs, et la plus capitale, consiste à croire que le gouvernement doit choisir sa place parmi les hommes avancés qui proposent des nouveautés utiles, et se faire, en quelque sorte, le chef des innovateurs.

Cette thèse, qu'on va débitant tout couramment, comme du bon sens comptant et de la raison pratique du meilleur aloi, me paraît, le dirai-je, une sottise, une sottise exorbitante et précisément le contraire de toute raison et de toute vérité. Le gouvernement ne peut gouverner avec des idées qui viennent de naître, alors même que ces idées seraient nées viables, et saines, et vigoureuses, et qu'elles auraient toute chance de germer, de croître et de s'établir dans les esprits. Le gouvernement ne peut régner qu'avec les idées qui règnent, avec des idées qui se soient fait depuis long-temps reconnaître et dont l'autorité soit bien établie. Un gouvernement qui voudrait se mettre à gouverner avec les idées les plus nouvelles, alors même que ces idées seraient au fond les plus raisonnables et les plus justes, n'aurait pas pour un jour de durée.

Cette bévue, que le gouvernement doit gouverner avec les idées les plus nouvelles, dès qu'elles sont les plus avancées et les meilleures, tient à une autre erreur plus radicale et plus grosse encore, s'il se peut : c'est que les idées les plus nouvelles et les plus avancées sont naturellement celles qui ont le plus de crédit sur la raison du grand nombre et qui doivent être le plus généralement reçues.

Il est difficile, assurément, d'imaginer une plus singulière déviation des idées communes. Tout le monde est disposé à convenir que, dans les sciences ordinaires, les idées les plus nouvelles doivent être aussi les moins connues; que les plus avancées doivent être, par cela même, les moins accessibles aux esprits vulgaires ; qu'il n'y a que les hommes qui s'occupent spécialement et avec distinction d'une science qui puissent être au courant de ses derniers progrès. Il n'en est pas de même à l'égard des sciences politiques et économiques. On croit qu'en ces matières tout le monde sait tout; et telle est la confiance des publicistes dans les nouveautés qu'ils proposent, qu'encore bien qu'ils soient habituellement entre eux dans le désaccord le plus complet, il n'en est pas un qui ne pense que ses idées, si elles étaient mises en pratique, n'obtinssent aussitôt l'assentiment universel.

Et notez que ce n'est pas seulement ici une illusion de l'amour-propre, c'est l'effet d'une conviction naïve, et sincère, et profonde, née de ce préjugé singulier qu'en politique le public a la science infuse ; que la volonté générale ne peut pas errer ; qu'une multitude composée d'hommes individuellement peu instruits, doit former nécessairement un peuple éclairé, prise en masse ; qu'enfin une idée politique nouvelle, par cela seul qu'elle est plus juste que les idées anciennes, doit saisir l'universalité des intelligences, et peut être immédiatement appliquée.

Le fait est pourtant que les choses dans la politique ne se passent pas autrement que dans les autres branches de l'activité sociale. Ici, comme partout, les vues réelles d'amélioration, les idées en avant des notions communes, se présentent d'abord à quelques intelligences d'élite, qui voient ce qu'on n'avait pas aperçu avant elles. Si les nouveautés qu'elles proposent s'annoncent avec un certain air de justesse et de vérité, elles sont accueillies par d'autres esprits, qui les communiquent à d'autres encore ; peu à peu elles font leur chemin ; elles étendent leur empire ; elles deviennent à la longue assez puissantes pour tenter de s'introduire dans la législation ; mais ce n'est qu'après avoir été éprouvées de bien des manières, après avoir été maintes et maintes fois admises et repoussées, après avoir, pour ainsi dire, accoutumé le monde à leur visage, après s'être rendues tout-à-fait familières au plus grand nombre des esprits politiquement actifs, qu'elles parviennent à sortir de la théorie pour entrer dans la pratique et à s'établir solidement dans les coutumes et dans les lois.

Il peut arriver sans doute que des législateurs mal avisés essaient de les traduire en lois long-temps avant qu'en fait elles aient suffisamment établi leur empire; mais il arrive alors ce qu'on a vu mille fois, ce qui n'a cessé de se renouveler surtout dans le cours de nos quarante-cinq dernières années, où l'inexpérience de nos réformateurs leur a fait commettre tant d'insignes maladresses, leur a fait essayer tant d'innovations prématurées, il arrive qu'on voit écrites dans les lois de superbes maximes philosophiques, et que le monde, en effet, continue à être conduit par les idées, les affections, les habitudes plus ou moins vulgaires qui le dominent dans la réalité.

Encore une fois, c'est donc commettre une grande bévue que de vouloir que le gouvernement choisisse sa place à la pointe du mouvement, à la tête des réformateurs, et soit le premier à proposer des choses nouvelles. Le gouvernement, au contraire, doit se tenir loin des nouveautés, même alors qu'elles sont justes, et par cela seul qu'elles sont des nouveautés. Il ne suffit pas, en effet, que les idées neuves, pour mériter de faire loi, soient meilleures que les idées vieilles : il faut encore qu'elles aient été admises, et généralement reconnues. La vraie place de toute domination est au milieu des idées qui dominent, que la majorité avoue, auxquelles le monde est accoutumé, et c'est là que lui commande de se tenir, non seulement la prudence, mais encore, notez-le bien, la justice.

Et de quel droit, en effet, une idée nouvelle, encore en minorité dans un pays, voudrait-elle que le gouvernement se rangeât sous sa bannière? De quel droit la minorité prétendrait-elle gouverner? Que pourrait-elle dire pour justifier une prétention si étrange? qu'elle est plus éclairée et plus juste que la majorité; et comment en ferait-elle la preuve? La majorité ne se dirait-elle pas, et ne pourrait-elle pas se croire avec sincérité tout aussi éclairée, tout aussi juste qu'elle, et n'aurait-elle pas en outre l'avantage si décisif d'être la majorité?

— Je sais bien, et c'est la thèse que je soutenais tout à l'heure, que l'avis le plus éclairé ne peut pas être d'abord celui du grand nombre. Mais de ce que la raison, comme je l'ai écrit ailleurs, commence toujours par être en minorité, s'ensuit-il nécessairement que la minorité a toujours raison? Si la minorité a vraiment raison, c'est à elle de le faire voir, en tâchant, à force de bon sens, de bons argumens, de zèle, de patience,

de désintéressement, de courage, de persévé-
rance, de faire passer le grand nombre de son
côté. Fût-elle la raison même, la minorité ne
mérite d'avoir raison qu'après s'être fait reconnaître pour ce qu'elle est, après s'être rendue
familière aux intelligences, après avoir convaincu les moins éclairées et les plus défiantes
de la justesse et de la pureté de ses vues; après
avoir lentement, péniblement, laborieusement,
conquis la majorité.

Je suis si profondément convaincu de la vérité
de ces observations, qu'une des maximes de
politique pratique selon moi les plus fondamentales, c'est que le pouvoir, alors même qu'il
désire le plus les progrès du pays qui lui est
confié, doit fermement résister à l'invasion, dans
le gouvernement, des idées trop nouvelles, faire
marchander les réformateurs, les forcer de légi-
timer leurs prétentions, et, en leur laissant la
faculté de s'introduire dans les esprits par une
libre et loyale discussion, leur disputer long-
temps l'entrée des affaires.

Sans doute il ne faut pas que cette résistance
se prolonge au-delà du terme marqué par la justice et le bon sens. Il n'y aurait pas moins d'impéritie et d'iniquité à lutter violemment contre
une réforme reconnue juste et devenue nécessaire, qu'à céder avec mollesse à la demande

d'une réforme non suffisamment préparée. L'art si difficile et si élevé des hommes d'État, consiste surtout à savoir discerner quand est venu le moment d'une réforme. En quelque sens qu'on se trompe à cet égard, les méprises se font toujours payer cher; mais, s'il importe de ne résister qu'avec intelligence et avec mesure, il est pourtant très essentiel de résister, et le pays où la législation fait les progrès les plus rapides, n'est pas celui où l'on se hâte le plus de faire passer dans les lois les semences de réforme qui ont été jetées dans les esprits; mais celui où le gouvernement possède le mieux l'art de faire fructifier ces semences par une contradiction habilement ménagée, et où il sait le mieux attendre, pour opérer une réforme désirée, le moment où elle est devenue réellement praticable.

Ainsi, par exemple, je dirai haut et ferme, au risque de heurter bien des préjugés, qu'en fait de réformes politiques et législatives, il y a eu plus de progrès réels faits en France durant la restauration, où la disposition naturelle du gouvernement était de refuser tout, que dans ces premiers beaux jours de la révolution, où il n'avait eu le pouvoir de rien refuser, et sous l'empire de ces premières assemblées nationales, dont les réformes radicales, universelles, et subitement opérées, n'ont été qu'une œuvre vaine, presque aussitôt morte que née, et qui, après avoir soulevé d'effroyables résistances et fait naître bientôt le despotisme le plus sanglé, nous a laissés dans la dure nécessité de tout reprendre en sous-œuvre, et de recommencer, l'une après l'autre, les réformes que nous croyions avoir opérées ; tandis que le peu d'institutions et de liberté que nous avons conquis durant la restauration, s'il n'a été conquis qu'avec beaucoup d'efforts et de peine, était pourtant assez solidement possédé pour qu'il fût devenu à peu près impossible de le reprendre, et que le gouvernement ait péri en voulant nous l'ôter.

Il est vrai que le travers de ce gouvernement de la restauration, qui ne se prêtait que de la plus mauvaise grâce du monde, et toujours avec l'arrière-pensée de les abolir dès qu'il le pourrait, aux réformes devenues les plus nécessaires, a été précisément de vouloir toujours reprendre ce qu'il avait octroyé. Mais si, comme on a pu l'espérer deux fois, en 1819 sous le ministère de M. de Serre, et en 1828 sous celui de M. de Martignac, il avait su entrer avec intelligence et fermeté dans un système d'améliorations progressives, réprimer vigoureusement l'esprit de faction, résister aux demandes trop hâtives, mais se prêter avec sincérité et de bonne grâce

aux demandes raisonnables qui avaient acquis
une incontestable majorité, le pays aurait infailliblement compris ce qu'une telle marche aurait offert de sûr, de rationnel, de juste, de
philosophique, et je ne doute pas qu'il ne l'eût
fermement appuyée.

Eh bien, cette marche que le gouvernement
de la restauration n'a pas su prendre, c'est celle-
là même que le gouvernement de la révolution
a suivie. Appuyé sur les vœux d'une majorité
qu'il regarde comme la vraie majorité politique
du royaume, il a adopté pour principe de conduite de proportionner sa marche à celle de cette
majorité ; de ne se placer ni en arrière ni trop
en avant d'elle ; de ne gouverner ni avec les idées
du passé ni avec celles de l'avenir, mais avec
celles du présent ; de se tenir constamment,
en un mot, dans ce milieu, dans cette région
moyenne qui est le vrai centre de gravité du
pays, et de résister avec fermeté aux efforts
qu'on pourrait faire pour arrêter ou précipiter
sa marche, et le séparer du fond solide sur lequel il voulait s'établir.

Je n'examine pas, en ce moment, s'il a réellement fait ce qu'il voulait faire, si c'est bien
au sein de la majorité nationale qu'il s'est assis,
s'il a bien réglé son allure sur la sienne, s'il a
été résistant et progressif, juste autant qu'il le

devait; mais je dis que c'est là ce qu'il a voulu; et telle est la bonté intrinsèque de cette méthode, qu'on ne comprend, en vérité, pas de quel reproche, en elle-même, elle pourrait être l'objet.

Notez en effet que le gouvernement qui suit cette marche, ne prétend forcer le pays ni dans un sens ni dans un autre; qu'il ne cherche ni à le faire rétrograder vers le passé, ni à l'enchaîner au présent, ni à le pousser vers l'avenir avec plus de précipitation qu'il ne convient à son allure naturelle; qu'il se borne, en stimulant modérément sa marche, à cheminer avec lui; qu'il n'est rien à quoi il ne se prête de ce qu'exige sa volonté, mais sa volonté véritable, sa volonté élaborée et mûrie par de longs débats, manifestée par les votes réguliers de la partie de la population qui a pu prendre à ces débats une part intelligente, en la modifiant toutefois par celle des corps politiques qui nous entourent et à l'influence desquels le pays est, dans une certaine mesure, inévitablement soumis.

Et pourtant cette méthode, trop sage et trop habile peut-être pour beaucoup de gens, est l'objet des plus violentes attaques. Elle ne répond pas, dit-on, au mouvement que la révolution a imprimé aux esprits; elle leur paraît d'une lenteur désespérante; elle les ferait sécher sur pied ; elle les irrite, les blesse ; elle les rend presque fous, presque furieux....

Ceci me rappelle l'éclat que fit, il y a quelques années, en 1828, un écrivain, un prélat, un publiciste célèbre, un membre de la Chambre des Députés, qui déserta solennellement la Chambre, parce que, suivant lui, elle ne marchait pas assez rondement, et parce qu'elle ne voulait pas imiter les procédés expéditifs de l'assemblée constituante.

Cette démarche m'inspira quelques réflexions qui, regardées comme justes alors, me paraissent recevoir un surcroît d'à-propos et de vérité des circonstances présentes, où la France politique, armée de bien meilleurs instrumens, et placée dans une situation bien plus décidément progressive, a encore moins qu'alors sujet de trouver qu'on procède avec trop de lenteur.

« Cette impatience d'esprit, écrivais-je, ce besoin de hâter, de précipiter les affaires, dans un homme de l'âge, du caractère et de l'expérience de M. de P., a quelque chose qui afflige et qui étonne. Moi, qui ai juste trente ans de moins que le vénérable archevêque, je suis, je ne crains point de le dire, infiniment moins pressé que sa grandeur, bien qu'il me fût, comme à elle, singulièrement doux de voir la France parfaite, et jouissant d'un gouvernement accompli.

« On sait, au surplus, que ce qu'éprouve là M. de P. est ressenti d'une manière plus vive encore par beaucoup d'hommes d'un âge moins avancé que le sien. Le monde est plein de ces esprits d'une générosité ardente et inquiète, qui voudraient redresser tous les torts à la fois, et qui souffrent des peines extrêmes de voir qu'on répare le mal si lentement et que le bien ne se fait pas plus vite. S'il y avait moyen de les calmer sans les engourdir; s'il était possible, sans diminuer leur activité, de modérer leur impatience; si l'on pouvait à la fois les réconcilier avec le présent et leur inspirer un surcroît de zèle pour les progrès de l'avenir, il me semble qu'on leur rendrait un immense service et à la chose publique aussi.

« Le fâcheux état d'esprit où ils sont, tient à plusieurs causes. La plupart se persuadent que la société est destinée à une certaine manière d'être déterminée, finie, achevée, au-delà de laquelle il n'y aura plus rien à désirer ni à concevoir; et ils voudraient y arriver tout d'un coup, pour n'avoir plus ensuite aucun effort à faire. C'est là une vue tout-à-fait fausse de la société. Il n'y a point d'état définitif pour elle. Son activité s'exerce sur un fonds qui ne peut s'épuiser.

Quelque progrès qu'elle fasse, il lui restera toujours des progrès à faire; elle n'aura jamais terminé ni sa fortune ni son éducation. Partant, il n'y a point pour des hommes sujet de se désespérer quand ils ne verraient pas s'accomplir les dernières réformes, car il n'y a point de dernières réformes. Il faut bien songer qu'un point obtenu, il se présente à l'instant même quelque autre chose à obtenir, de nouvelles perfections à atteindre, l'immensité à conquérir. Ce qu'il y a de raisonnable à souhaiter c'est de ne pas demeurer stationnaire. Mais quand on a le bonheur de vivre à une époque d'améliorations, quand ces améliorations sont visibles, quand on a la douceur et la gloire d'y contribuer, et quand on peut se rendre le témoignage de faire pour cela tout ce qu'on est en position de faire, il semble véritablement qu'on pourrait patienter.

« Et que gagnerait-on d'ailleurs à vouloir marcher plus vite? Change-t-on par ordonnance l'allure de la société? Est on le maître de renverser subitement l'état des idées, des affections, des habitudes qui dominent? Des réformes seraient-elles faites parce qu'on les aurait décrétées? L'ancien régime fut-il détruit par la nuit du 4 août et par tous les décrets qui suivirent? Ne vit-on pas, dix ans plus tard, les anciens abus reparaître et le pouvoir absolu se relever? Ne sommes-

nous pas forcés aujourd'hui de reprendre l'œuvre
avortée de l'assemblée constituante et de recommencer, l'une après l'autre, la plupart des réformes qu'elle croyait avoir opérées ? Quelqu'un
voudrait-il nous répondre qu'en procédant comme
le fit cette illustre assemblée nous ne serions pas
sujets aux mêmes mécomptes?...

« On s'étonne qu'au bout de quarante années
la censure facultative puisse encore être matière
à discussion. Qu'y a-t-il donc là de si étrange?
Le bien se peut-il faire en un jour? Vit-on jamais un abus disparaître devant le premier décret qui l'avait proscrit? Est-il une institution
utile, est-il une seule liberté qui, avant d'être
solidement établie, n'ait été cent fois donnée,
reprise, recouvrée, reperdue, reconquise ? A
quoi sert donc l'étude de l'histoire, si l'on n'y
apprend à reconnaître comment procède la société, comment ses lois s'établissent, et si l'on
va se fâcher, se mutiner comme des enfans parce
que les choses arrivent précisément comme elles
doivent arriver?

« Il est une illusion déplorable dont le monde
ne veut pas se guérir, et qu'on est stupéfait de
voir régner encore jusques dans les intelligences
les plus hautes. Parce qu'on a l'idée vive et nette
d'un certain bien, et que cette idée est à peu
près comprise et partagée par un certain nom-

bre d'amis, on se figure toujours qu'il n'y a qu'à dire, qu'à parler, qu'à décréter et que le bien va se faire ; que l'idée sous l'empire de laquelle on se trouve va devenir la loi de tous les esprits. Mais combien on est loin de compte ! Entre la première idée et l'établissement final d'une bonne institution, il y a presque toujours l'intervalle des siècles.

« Les faiseurs de lois, les spéculateurs politiques, se trouvent placés exactement dans la même position que les autres spéculateurs : ils sont obligés de se plier aux goûts des populations pour lesquelles ils travaillent, et de leur offrir des produits législatifs qui soient convenablement ajustés à leurs besoins. Ils peuvent et doivent sans doute chercher à leur inspirer des besoins nouveaux, des besoins plus éclairés ; mais, tant que ces besoins ne sont pas nés, force leur est, sous peine de faillir, de se soumettre à ceux qu'elles éprouvent.

« Il n'y a pour personne, qu'on le sache bien, d'exception à cette dure nécessité des choses ; elle fait loi pour les impatiens aussi bien que pour les indolens, pour les hommes pressés d'opérer le bien comme pour les plus résignés à l'attendre. Je sens combien ceci doit être agaçant pour les nerfs de certains réformateurs ; combien cette marche pesante et calculée s'accorde mal avec l'allure vive et généreuse de leur génie; mais qu'y faire? Il faut, sous peine de périr, consentir à n'aller que comme veut aller le monde. »

Oui sans doute, objectera-t-on, il faut aller comme veut aller le monde ; mais le monde n'a pas une seule façon d'aller. Il y a, quoi que vous en pensiez, moyen de modifier son allure. S'il est parfois conduit par la raison, on peut le conduire aussi par des émotions; il y a possibilité de hâter, de presser sa marche en s'efforçant de le passionner pour les idées qu'on veut lui faire recevoir; et si l'on trouve dans les classes aisées et instruites trop de prudence et d'hésitation, on peut s'adresser à des classes moins heureuses et moins éclairées dont l'esprit soit plus ouvert à l'enthousiasme.

C'est là en effet le travail qu'on fait depuis quatre ans; et cette méthode est celle que prétendent opposer à la marche du gouvernement les plus ardens des partis qui lui font la guerre: il s'agit pour quelques hommes de faire passer la direction des affaires dans les classes les moins éclairées, et de suppléer par l'émotion à ce qui leur manque de lumières.

Je sais, comme un autre, ce que le sentiment peut donner de sagacité et d'élévation à l'intelligence. Je reconnais la justesse et la beauté de cette parole d'un moraliste *que les grandes pensées viennent du cœur ;* mais je sais aussi que, pour que le cœur soit un bon guide, il faut qu'il soit conduit par une raison ferme et exercée, et il paraîtra sûrement étrange que cette raison exercée, si on en sent le besoin, ce qui peut faire l'objet d'un doute, on veuille la chercher, et on espère la trouver dans les classes les moins éclairées.

Les partisans des réformes hâtives ont une singulière manière de raisonner. Ils accusent le gouvernement de demeurer en arrière, et ils veulent que le mouvement des réformes parte des classes les moins avancées. On trouve que la marche du juste milieu est déjà bien lente ; et, en effet, il est arrivé que, sur de certaines questions, notamment sur des questions économiques, la Chambre des Députés, une Chambre issue des classes moyennes, est restée en arrière du ministère, qu'on accuse déjà d'être arriéré : que serait-ce donc si l'on descendait davantage ? Trouverait-on dans les basses régions de la société plus de lumières que dans ses régions moyennes ? On fait le procès aux habitudes du juste milieu : les gentilshommes de la Tribune et du National lui reprochent ses mœurs bourgeoises : mais eût-on rencontré des sentimens plus élevés et des façons plus élégantes dans les classes les plus pauvres et les moins lettrées ?

Je ne puis, je l'avoue, me ranger à l'avis du personnage illustre qui a prétendu nommer quelqu'un de plus spirituel que Voltaire, que Rousseau, en désignant : *tout le monde.* J'aime bien mieux le mot de Piron, parlant pourtant d'une réunion d'hommes d'élite : *Ils sont là quarante qui ont de l'esprit comme quatre.* La vérité, la triste vérité est que, plus on considère le monde en gros, et plus on est sûr d'y apercevoir de sottise. Ce n'est pas là l'observation d'un homme bourru, d'un misanthrope ; c'est l'observation d'un homme de sang-froid, c'est de l'observation scientifique et désintéressée, de la véritable histoire naturelle, telle qu'on en ferait pour le dictionnaire de zoologie, à l'article *Espèce humaine.* Il y a des sommités dans toutes les branches de l'intelligence, de la culture, de la civilisation ; il y a, en toutes choses, des hommes placés à la tête des autres, des hommes qui sont les premiers astronomes, les premiers mathématiciens, les premiers naturalistes, les premiers hommes d'état ; des hommes qui sont les plus justes, les plus éclairés, les plus polis ; mais, à mesure qu'on descend de ces sommités, et qu'on s'enfonce davantage dans la foule, on s'éloigne, par des gradations plus ou moins sen-

sibles, de la science, de la justice, de la bonne
éducation, etc. Cela est malheureux sans doute,
très malheureux ; il serait tout-à-fait désirable
qu'il n'en fût pas ainsi ; il est juste et sage de faire
en sorte que cela ne soit ainsi que le moins possible ; mais enfin la chose est telle, et il y a partout des premiers et des derniers.

Que fait-on donc quand on cherche à placer
dans les rangs inférieurs de la société les droits
et l'activité politiques ? Ne les place-t-on pas
aussi loin que possible de la perfection à laquelle
on dit vouloir arriver ? Et si l'on trouve que les
progrès sont déjà désespérément lents en partant du juste milieu, et quand il faut attendre,
pour pouvoir faire passer une bonne idée dans
les lois, qu'elle ait été reçue par la majorité des
intelligences moyennes, que sera-ce quand il
faudra attendre qu'elle ait été comprise du peuple entier, et adoptée par la majorité de la population prise en masse ?

On observe, il est vrai, que les classes les
plus nombreuses et les moins instruites de la
société sont aussi les plus impressionnables, les
plus accessibles à des sentimens généreux, et
qu'on pourra hâter leur éducation en excitant
leur enthousiasme. Voilà certes un merveilleux
expédient. Et que gagnera-t-on, en effet, à exciter l'exaltation des classes peu instruites ? Par-

viendra-t-on, en échauffant de certaines têtes, à y mettre une lumière qui n'y est point? Voltaire disait de Diderot, l'un des déclamateurs les plus ardens du dix-huitième siècle : *C'est un four où rien ne cuit.* Que dira-t-on des classes populaires chez qui on aura allumé le fanatisme politique? des orateurs de club? des déclamateurs de bas lieu? Croit-on qu'on aura bien mûri leurs idées en excitant leur enthousiasme? On en a pu juger par les résultats. Ils ont été sous les yeux de tout le monde. Ils se sont manifestés dans les émeutes, dans les coalitions d'ouvriers, dans les associations politiques, dans les incroyables légendes de leurs sections, dans leurs déclarations de droits, dans leurs menaces à la propriété, dans leurs atteintes à la liberté du travail. Voilà ce qu'ont produit de plus clair les excitations adressées à leur fanatisme, les efforts tentés pour suppléer par l'émotion à ce qui leur manquait de lumières, l'étrange expédient de les exalter pour hâter leur éducation : on a mis la portion heureusement très minime de ces classes que la contagion avait gagnées dans un état moral tel qu'il aurait fallu remonter aux jours de la révolution les plus effroyables pour trouver quelque chose de pareil.

Au surplus, cette méthode de s'adresser aux classes les moins éclairées, et de les fanatiser pour rendre leurs progrès plus rapides ; cette méthode de pousser à l'exaltation politique pour accélérer les progrès politiques de la société, serait si colossalement absurde qu'il est fort difficile d'admettre que quelqu'un ait pu l'employer de bonne foi dans ce dessein, et qu'on n'y a guère pu voir qu'un plan de campagne contre le gouvernement, et un moyen plus ou moins bien conçu de le battre en brèche....

La chose, ainsi envisagée, se présente sous un aspect nouveau, et les excitations au fanatisme des classes populaires, considérées comme méthode de destruction, pourraient sembler d'abord plus rationnelles et plus heureusement imaginées.

Elles sont, en réalité, tout aussi stupides, et il n'y a que ruine et confusion à promettre, non seulement aux partis qui font directement leurs affaires par de tels moyens, mais à ceux qui profiteraient, d'une manière plus ou moins détournée, de ces tristes manœuvres, ou qui seulement n'auraient pas le courage de les désavouer avec éclat.

Les partis violens seraient bien aveugles s'ils s'imaginaient que la révolution de juillet n'a été que le dénouement heureux d'une suite de tentatives précédemment faites pour arriver à la destruction du gouvernement, et qu'il y a tou-

jours possibilité, en suivant la même marche ,
d'arriver à quelque résultat pareil. Leurs entreprises contre le gouvernement de la restauration
avaient constamment tourné à leur honte, et
ils auraient perpétuellement échoué si le gouvernement, systématiquement ennemi de la liberté et des progrès politiques du pays, n'avait
lâché le grand mot, *plus de concessions*, plus
de progrès , et, soutenant son dire jusqu'au
bout, n'avait rompu audacieusement, par les
ordonnances de juillet, avec la nation presque
entière.

Nous ne sommes plus au temps où l'enthousiasme fondait des empires. Nos passions révolutionnaires, avec toute leur fougue, et soute-
nues par un développement effrayant de forces
intellectuelles et matérielles, n'ont pu fonder une
domination qui ait duré quinze ans. Il ne peut
plus y avoir d'exaltation durable et réellement
efficace, au sein de notre Europe, devant la résistance qu'oppose aux entreprises subversives
la ligue des intérêts conservateurs. L'imagination n'a plus de place assurée que dans les arts :
elle n'en saurait désormais obtenir de stable
dans les affaires ; et, malgré la valeur philosophique qu'on a voulu lui donner de nos
jours, dans certains cours de la Sorbonne, le
monde ne la croit plus compétente pour dé-

cider les grandes questions qui intéressent l'humanité.

Il est vrai que la raison, si elle n'était secondée par un peu d'enthousiasme, aurait peut-être quelque peine à obtenir de grands résultats. Aussi, faudra-t-il probablement, dans tous les temps, le concours d'une certaine dose d'imagination et d'exaltation pour terminer les grandes réformes; mais ces facultés de l'esprit humain ne valent rien pour les préparer; il n'y faut recourir que le plus tard possible, toujours avec une circonspection extrême, et seulement au moment décisif.

Un parti politique qui fait habituellement dépense d'imagination dans ce siècle si positif, du moins en affaires, est un parti voué à l'impuissance, et condamné, après quelques alternatives de succès, d'échecs, de honte, de misères, de ridicules, à une inévitable destruction.

Les enthousiastes devraient prendre garde que nos révolutions, depuis quarante-cinq ans, n'ont été qu'une longue suite de mystifications et de mécomptes pour les politiques passionnés et les réformateurs impatiens.

Quel mécompte que l'empire et sa nouvelle féodalité pour les philosophes sentimentaux de l'Assemblée nationale constituante ! A quoi avaient servi les généreux sacrifices de la nuit du

4 août, et l'effroyable effusion de sang humain qu'il avait fallu pour la défense de ces réformes si soudaines? Quel sanglant mécompte que Waterloo pour les conspirateurs du 20 mars! Et ces résultats uniformes des affaires de Béfort, de Strasbourg, de Colmar, de Paris, de La Rochelle, de Saumur, quelle suite, pour les comédiens de quinze ans, de mystifications cruelles! Quelle mystification que la révolution de juillet elle-même pour les hommes emportés qui auraient voulu l'étendre au-delà de ses justes limites, et faire d'une légitime résistance à la révolte du roi Charles X et de ses ministres, une agression révolutionnaire contre des gouvernemens qui n'avaient pas trempé dans cet attentat! Où étaient-ils après la révolution de juillet, et où sont-ils à cette heure? A quoi leur a servi tant de fougue dépensée à changer le caractère de la révolution, et à tenter d'en faire ce que n'avait pas voulu qu'elle fût cette population moyenne qui avait pu seule la rendre possible en l'appuyant? Comment leur ont réussi les conspirations? Quel a été pour eux le résultat de cette longue suite d'émeutes et de tentatives de révolte? (1)

____

(1) J'écrivais ceci quelques jours avant les derniers et déplorables événemens de Lyon et de Paris. Une der-

Un poète dramatique a voulu les représenter
comme étant, sans s'en douter, dans leurs folles
tentatives, les instrumens et les dupes de politiques madrés qui les pousseraient à des désordres dont ceux-ci recueilleraient seuls le fruit.
Ce n'est pas cela. Les partis ne conspirent guère
aujourd'hui que pour leur propre compte. Les
hommes ardens que nous avons vus depuis
quatre ans fomenter des révoltes, n'étaient les
instrumens de personne, et n'ont été dupes que
de leur propre égarement. Mais il faut convenir
que leur fatale passion les a déçus aussi complétement que possible; et si l'on avait voulu faire
une peinture vraie et utile, il aurait fallu montrer comment ils étaient les jouets de leur propre
fougue, et arrivaient sans cesse à des résultats
contraires à ceux qu'ils voulaient obtenir; comment ils nuisaient à la liberté qu'ils disent aimer,
et offraient des prétextes à l'arbitraire, objet de
leur haine; comment il pouvait se faire qu'ils
forçassent le gouvernement à écarter de son service des hommes plus généreux que sages, et à
s'entourer d'hommes plus habiles peut-être que
généreux.

---

nière expérience, pleine de sang et de deuil, est venue
alors confirmer des principes qui n'avaient été déjà que trop
consacrés, et qui auraient bien pu se passer de cette nouvelle et lugubre illustration.

Combien donc ne leur importait-il pas d'être forcés à leur tour à changer de tactique! A-t-on réussi à les y contraindre? on ose à peine l'espérer.

Et pourtant, combien cela ne serait-il pas désirable! et combien ne devraient pas le désirer tous ceux des ennemis du gouvernement chez qui l'irritation et la haine n'ont pas étouffé tout amour de la liberté. Ai-je besoin de rappeler que les serviteurs de cette bonne cause, que les vrais amis de la liberté, n'avaient commencé à reprendre quelque crédit, du temps de la restauration, qu'à l'époque où avaient cessé les conspirations, vers 1824? On sait quels furent alors leurs progrès. Trois ou quatre ans d'une discussion digne et paisible suffirent pour changer l'esprit public, et la loi du double vote, cette loi qui rendait, disait-on, tout progrès impossible, qui avait donné à M. de Villèle sa majorité des 300, cette loi exécutée par des ministres qui ne se piquaient pas de scrupules en fait d'élections, donna à la France, malgré toutes les intrigues et toutes les fraudes possibles, la majorité des 221, et avec elle le ministère Martignac, et avec ce ministère et cette majorité un très bon commencement de réformes.

Or, si les amis de la liberté n'étaient pas impuissans alors à la servir par des voies régulières,

pourquoi leurs successeurs le seraient-ils aujour-
d'hui? Ceux-ci sont-ils dans une situation plus
défavorable? Leurs instrumens sont-ils plus im-
parfaits? Ont-ils affaire à un pouvoir plus hostile? Quelle honte qu'ils se reconnussent impuissans à la servir loyalement avec la législation
actuelle, quand leurs prédécesseurs, munis
d'armes bien plus imparfaites, et placés en présence d'un pouvoir bien autrement ombrageux,
savaient, du temps de la restauration, faire
honnêtement ses affaires?

Les deux cent mille familles dans les mains
de qui se trouve le pouvoir électoral n'ont vendu
leurs suffrages à aucune majorité; elles ne seront
peut-être pas plus sourdes à la voix du pays que
ne l'ont été les électeurs du double vote; elles
sont prêtes à donner leur confiance au système
qu'on saura leur faire reconnaître comme le
plus conforme à ses vrais intérêts. Le grand
point est donc de gagner leur confiance; mais,
pour cela, il faut leur tenir un langage qu'elles
soient disposées à écouter.

Les partis hostiles se contentent habituellement, il faut en convenir, de succès bien vains
et bien frivoles. On dirait qu'il s'agit moins pour
eux de conquérir la majorité que d'insulter leurs
adversaires; on dirait qu'ils croient avoir fait
toute leur tâche quand ils peuvent se flatter de

les avoir humiliés. On se dessine, on se pose en face du gouvernement, on s'escrime à lui dire d'éloquentes injures, on fait assaut de hardiesse dans le langage qu'on lui tient, on jouit d'avance du succès qu'obtiendra parmi les coryphées du parti qu'on sert telle invective trouvée et nouvelle qui paraîtra dans le journal du lendemain, et l'on ne songe pas que chaque victoire de cette espèce est une défaite devant le pays, devant le pays qui est de sang-froid, que le désordre blesse et fatigue, à qui ce dévergondage répugne, et qui prend instinctivement sous sa tutelle les hommes qu'il voit outrager ainsi, comme il fait l'objet de sa réprobation et de sa haine de ceux dont le langage manque de mesure et de dignité.

Il est une maladresse insigne que commettent sans cesse les partis en minorité : c'est d'exciter sans relâche le fanatisme de leurs partisans, au lieu de travailler à en accroître le nombre. On ne parle, on n'écrit que pour ses amis, et pour ses amis les plus chauds : c'est stupide. Il ne faut s'adresser ni à ses adversaires, car on ne les convertira point; ni à ses amis, car on n'a pas besoin de les convertir : il faut parler aux indifférens, aux neutres, et choisir des paroles qui puissent réussir auprès d'eux.

Que les adversaires du gouvernement se placent

donc une fois en présence de cette vaste portion
du public qui n'est peut-être pas la plus intelligente, qui n'est pas surtout la plus passionnée,
mais qui est pourtant en réalité la plus importante, puisque c'est elle, en résultat, qui donne
ou retire la majorité; et qu'ils voient par quels
arts, par quel langage, par quels enseignemens
habilement ménagés ils pourraient parvenir à la
rallier à leur cause, s'ils la croient bonne.

Cela, sans doute, les obligera de prendre un
aspect beaucoup moins belliqueux; mais cette
nouvelle façon de se dessiner pourrait bien paraître aussi honorable que l'autre, et elle aurait
certainement pour le pays et pour eux-mêmes
des résultats plus fructueux.

Qu'on renvoie à la poésie ce langage effer-
vescent et passionné qui ne saurait convenir à la
dignité des sciences, et surtout d'une science
aussi grave que la politique. Les Anglais nous
ont long-temps reproché de mettre de la raison
dans les arts et de l'imagination dans les affaires.
Nous ne méritons plus, il est vrai, que la moitié
de ce reproche : nous avons banni toute raison
de la poésie; mais, par une compensation mal-
heureuse, nous traitons les affaires avec un surcroît d'exaltation. Ne serait-il pas temps de nous
corriger d'un travers si déplorable? Conservons
aux arts, si l'on veut, une teinte de romantisme

qui ne leur sied point mal; mais tâchons d'être moins romantiques ou moins dramatiques en affaires.

Essayer, à force d'intelligence, d'habileté, de calme, de courage, de patience, de faire prévaloir dans la majorité politique du pays des idées meilleures que certaines de celles qui la gouvernent encore : voilà la seule tâche que puissent se proposer aujourd'hui des hommes politiques de quelque valeur. Il y a plus de gloire à acquérir dans une telle entreprise que dans le drame révolutionnaire le plus habilement et le plus noblement joué; la comédie de quinze ans ne s'est pas dénouée d'une manière tellement heureuse pour les premiers acteurs, que d'autres doivent s'obstiner à persévérer dans la voie des entreprises violentes.

Les adversaires du pouvoir nouveau trouvent-ils que son système ne répond pas même à ce qu'il y a d'intelligence développée et de progrès réellement faits dans cette population moyenne sur laquelle il s'appuie? C'est à eux de le faire voir, et de s'emparer de la confiance de cette population, en lui proposant quelque chose qui réponde mieux à l'état de son esprit et de ses habitudes.

Quant au gouvernement, sa volonté, ainsi que je l'ai exposé plus haut, a été précisément de satisfaire aux besoins présens de son intelligence et de ses mœurs ; sa volonté a été de se placer au milieu des classes moyennes et de les suivre en stimulant modérément leur marche.

Nous allons voir, dans une autre section de ce Mémoire, si ce qu'il a fait répond à ce qu'il a voulu.

SECTION III.

SI LE GOUVERNEMENT EST PROGRESSIF OU RÉTROGRADE ;
S'IL EST EN AVANT OU EN ARRIÈRE DES IDÉES ET DES
MOEURS DU PAYS.

JE commencerai par l'exposé simple et succinct des principaux changemens qu'il a fait subir à la politique intérieure et extérieure.

Au-dedans le principe même du gouvernement a été changé, le préambule injurieux de la Charte effacé : la nation a décerné la couronne au lieu de recevoir la liberté ; on a reconnu que le point de départ des réformes était dans la nation même, et que l'étendue des réformes ne pouvait dépendre que de celle des changemens que la nation avait subis.

Plusieurs droits publics ont été étendus, ou mieux définis, ou mieux assurés. Quelques nouvelles garanties ont été données à la sûreté individuelle : il a paru étrange, par exemple, que la propriété des personnes fût moins sacrée que celle des choses, et les levées d'hommes, comme les levées d'argent, ont été soumises au vote annuel de la législature. — Les fonctions de service public, les grades militaires notamment,

sont devenus plus réellement accessibles à tous ;
l'armée et la marine ont reçu chacune leur charte,
et l'avancement jusqu'aux grades supérieurs a
été soumis à des règles dont il n'a plus été permis de s'écarter. — La liberté religieuse a été
mieux entendue : on a promis une protection
exacte à tous les cultes ; mais sans vouloir en
faire dominer injustement aucun ; toute religion
officielle a été supprimée ; l'État a cessé de figurer dans les cérémonies religieuses ; le culte a dû
se renfermer dans les temples partout où il y a
eu plusieurs religions ; on a aboli la loi du sacri-
lége ; le culte hébraïque a été mis, comme les
cultes chrétiens, au nombre de ceux que l'État
paie. — On a étendu et affermi l'usage de la
presse : le rétablissement de la censure a été interdit au pouvoir législatif ; on a affranchi la
publication des journaux d'un certain nombre
de formalités et de charges ; la connaissance des
délits de la presse a été enlevée aux tribunaux
correctionnels et déférée au jugement du pays.—
La liberté a été promise à l'instruction ; elle est
déjà entrée dans l'instruction élémentaire et doit
pénétrer bientôt dans les autres branches de
l'enseignement. — Enfin, un meilleur départ a
été fait entre les actions innocentes et les actions
criminelles, et pendant qu'une latitude plus
grande a été laissée aux premières, on a appliqué

aux secondes une pénalité plus douce et plus
éclairée.

A côté de ces changemens faits au droit commun, les institutions destinées à le protéger ont
subi des changemens considérables. — On a
soumis à l'élection populaire les conseils admi-
nistratifs de tous les degrés. — On a amendé les
colléges électoraux dans leur nature et dans leurs
formes ; l'âge et le cens de l'électorat ont été
abaissés, le double vote aboli, le nombre des
électeurs presque doublé, les colléges investis
du droit de nommer leurs présidens et de former
leurs bureaux, les électeurs fonctionnaires publics mis à l'abri de toute recherche pour leur
vote. — En même temps, les Chambres n'ont
pas subi de moins notables modifications. La
Chambre des Députés, sortie d'une meilleure
source, a vu le nombre de ses membres prendre
un nouvel accroissement ; sa porte se fermer à
un certain nombre de fonctionnaires qu'on a
crus placés dans une situation trop dépendante;
ceux de ses membres qui étaient appelés à des
fonctions publiques obligés d'aller demander un
nouveau mandat à leurs commettans ; l'initiative
des propositions de lois devenir une de ses prérogatives ; l'élection de son président et tous
ses arrangemens intérieurs laissés entièrement à
ses soins et contribuer encore à assurer son in-

dépendance. De son côté, la Chambre des Pairs, encore plus sensiblement modifiée, a changé foncièrement de nature; son hérédité a été abolie; on a condamné ses majorats à subir l'épreuve d'une discussion publique; il n'a plus été permis à ses membres de recevoir de dotation ni de pension; on a voulu qu'elle délibérât sous les regards du public comme l'autre Chambre; l'initiative des propositions de lois, enfin, lui est devenue commune avec les deux autres branches du pouvoir législatif.

Pendant que l'esprit de réforme changeait ainsi la nature et l'organisation des corps délibérans, un certain nombre de corrections faites au Code d'Instruction criminelle, et notamment au jury, ont modifié dans un sens favorable à la liberté les procédés du pouvoir judiciaire.

Le pouvoir exécutif surtout a subi de profonds changemens. — La royauté a été déclarée d'institution populaire; toute garde royale abolie; la liste civile réduite de 33 millions à 13; une valeur en immeubles de plus de 15 millions distraite de la dotation de la couronne; tout domaine extraordinaire enlevé au roi; toute pension extraordinaire ôtée aux grands fonctionnaires du royaume; le traitement des ministres réduit ainsi que celui de la plupart des administrateurs et fonctionnaires; l'élection des maires indirectement donnée aux citoyens ; la force publique mise en grande partie dans leurs mains par l'institution d'une garde nationale nommant directement ou indirectement tous ses officiers, et destinée à modifier encore l'institution déjà si heureusement modifiée en elle-même des corps militaires soldés.

Telles ont été les réformes opérées au-dedans. Je passe, pour le moment, sous silence un certain nombre de mesures qui ont paru des déviations de l'esprit qui a dicté celles que je viens de décrire, et qui ont été dénoncées à l'animadversion publique comme des mesures d'exception. J'y arriverai plus loin.

Au-dehors, toutes les paroles, toutes les démarches, tous les actes, ont paru être la manifestation des idées que voici : convaincre les puissances, amies ou non amies, que la France, exclusivement livrée au développement de ses ressources intérieures, repousse par système toute pensée d'agrandissement, se contente des dimensions actuelles de son territoire, est résolue de n'en point sortir, et veillera seulement à ce qu'on observe ailleurs les mêmes principes de modération et de sagesse; en manifestant le désir de vivre en paix avec tous les gouvernemens, rechercher de préférence l'alliance des plus avancés; se lier étroitement en particulier avec la plus puissante des nations libres; donner, en s'abstenant de rien faire pour susciter des embarras aux gouvernemens, des marques de sympathie aux peuples qui font des efforts honorables pour arriver à la liberté; montrer de l'intérêt surtout à ceux dont le territoire touche le nôtre; ne pas permettre, quant à ceux-ci, qu'aucun gouvernement étranger se mêle de leurs débats intérieurs, et contrarie les efforts qu'ils pourraient faire pour rapprocher les formes de leur gouvernement de celles du nôtre; ne se point départir de cette politique loyale, libérale et modérée, en suivre les maximes avec constance.

Tels ont été, au-dedans et au-dehors, les faits principaux par lesquels se sont rendus sensibles les principes qui dirigent le gouvernement.

Je ne saurais pas dire au juste quel degré de colère absurde et d'irritation sans motif il faut éprouver contre lui pour ne voir aucun progrès dans ces actes. J'aurai, quant à moi, la tristesse et la sincérité de dire qu'ils me paraissent, sous plus d'un rapport, en avant des idées communes et des habitudes qui gouvernent généralement le pays.

Je reconnaîtrai pourtant, dans le même temps, que ces progrès, en avant des faits sous quelques rapports, se trouvent, sous un autre aspect, fort en arrière du point où nous devons atteindre, et où nous arriverons avec le temps, il n'en faut pas douter. Je trouve, à parler d'une manière spéculative, et seulement en contemplation de l'avenir, que le gouvernement entre trop encore dans la société, et que la société ne pénètre pas assez dans le gouvernement; je pense qu'à mesure qu'on fera des progrès, on voudra que le gouvernement se mêle moins, infiniment moins, des mouvemens de l'industrie, de l'exercice des professions, d'une multitude d'affaires particulières, dont on fait encore des choses de service public; et que la société se mêlera d'une manière plus générale, plus intelligente, plus active, et cependant plus calme, des affaires du gouvernement.

Mais à prendre la France au point où elle est parvenue, et à comparer les lois du pays avec ses idées et ses habitudes, je trouve, je le déclare en mon âme et conscience, que les idées et les habitudes sont, sous plus d'un rapport, en arrière des lois.

Et je ne tire pas cette conclusion, notez bien, des emportemens auxquels s'est livré l'esprit de parti. Cet esprit, sans doute, aurait pu se montrer moins ardent, plus discipliné, plus habile, surtout dans un pays comme le nôtre, où la loi commune offre à tout le monde des moyens si

amples de proposer ses vues, et de les faire prévaloir si le pays les approuve. Mais enfin je ne
suis point surpris qu'avec notre promptitude
d'esprit, notre vivacité de caractère et notre
patriotisme un peu théâtral, il se soit trouvé
un certain nombre d'hommes qui aient cherché
à faire du bruit, et qui, de prime-abord, en
soient venus à l'injure, à l'outrage, aux voies
de fait, à la révolte.

J'aurai, d'un autre côté, la justice de convenir que cet esprit de faction n'a été que médio-
crement contagieux, et que la majorité politique
du pays a paru moins séduite que repoussée par
le dévergondage prodigieux d'une partie de la
presse périodique et des partis exaltés, dont elle
publiait à la fois l'irritation et l'impéritie.

Mais si la majorité ne s'est pas laissé corrompre, on a pu avoir peur quelquefois qu'elle
ne se laissât troubler.

Il a certainement été permis de craindre que
le gouvernement n'eût trop présumé de l'intelligence ou de la fermeté politique du pays, en
remettant au jury le jugement des délits de la
presse, et, en général, des délits politiques.
C'est, malheureusement, un des faits publics
les plus notoires de notre temps, que le jury,
dans quelques occasions, s'est montré faible,
que justice a été déniée à l'ordre public; que la

société et les pouvoirs institués par elle n'ont pas trouvé dans ses représentans, siégeant en cour de justice, une protection suffisante contre la tyrannie et les outrages de l'esprit de faction; que les factions elles-mêmes n'ont pas été suffisamment défendues contre leur propre violence, et que le jury leur a fait grand tort en ne les réprimant pas avec assez de fermeté, en manquant de les contenir comme elles avaient besoin de l'être.

Un autre fait non moins notoire, c'est que le pays ne s'est pas assez rendu aux élections, et que si, dans les cours d'assises, il s'est quelquefois montré faible, dans les colléges il a paru fréquemment peu zélé.

Je ne suis pas convaincu, d'une autre part, que l'esprit pacifique du gouvernement, que son système honorable et parfaitement sensé de politique extérieure ait été estimé ce qu'il vaut, et ait rencontré dans le pays une approbation suffisante. Il y a chez nous je ne sais quelle gloriole, quelle vanité, quel goût de domination, quel besoin d'en imposer et de se faire craindre, quelle manie d'invasion et d'amplification de territoire, quelle creuse et folle passion pour de certaines limites qu'on appelle naturelles, et qui ne sont pas naturelles du tout, que je ne suis pas bien convaincu, je le répète, que le pays

n'en veuille pas un peu au gouvernement de s'en
être tenu aux conditions du traité de Vienne, et
de n'avoir pas rangé sous la domination française quelques lieues carrées de terrain de plus.

Je vais, au surplus, passer en revue quelques
uns des points capitaux sur lesquels le mérite
de ses réformes et de sa conduite a été le plus
controversé, et j'examinerai en particulier, sur
chacun de ces points, s'il est progressif ou rétrograde, s'il est en avant ou en arrière du pays.

Colléges électoraux.

Je prends les choses à la base, et commence
par le pouvoir électoral.

La loi qui institue ce pouvoir est la plus fondamentale et la plus importante de toutes, car
c'est de là que partent le mouvement et la direction; et à moins d'avoir toujours en poche quelque projet de coup d'État ou de révolte, il faut
bien que le gouvernement et les partis consen-
tent à en passer par ce que veulent les colléges
électoraux.

La loi qui institue le pouvoir électoral est en
même temps la plus difficile, car il n'y a rien de
précisément rigoureux dans la détermination du
nombre de citoyens que ce pouvoir doit comprendre, et pourtant il est également essentiel

d'y faire entrer, au moins approximativement, toute la partie de la population qui prend une part active et intelligente à la discussion des intérêts publics, toute celle qui est véritablement née à la vie publique, et de n'y faire entrer que celle-là ; or, c'est assurément une chose grave et délicate que de dire de qui se composera cette population, quelle est celle qu'on ne devra pas admettre, et quelle est celle qu'on ne pourrait écarter sans injustice et sans péril.

A cet égard, comme en toutes choses, la loi, pour être bonne, doit être d'accord avec les faits ; elle ne peut pas créer les faits, mais elle doit les reconnaître ; elle ne crée pas les électeurs, mais elle doit chercher la population électorale, et partout où cette population se manifeste la reconnaître et la déclarer ; elle doit faire cela et pas davantage. Elle aurait beau dire que les citoyens de telle ou telle classe seront électeurs et citoyens actifs, que, s'ils n'avaient ni zèle politique, ni intelligence électorale, toutes les déclarations législatives du monde n'en feraient ni des citoyens ni des électeurs.

Le gouvernement a pensé que la vie politique en France se trouvait surtout dans les familles possédant une certaine fortune et payant un certain cens ; il a cru pouvoir dire électeur tout Français âgé de vingt-cinq ans et payant 200 fr.

de contributions directes. Je passe sous silence
un certain nombre de positions plus ou moins
en dehors de la cote de contributions exigée,
dans lesquelles le gouvernement a cru devoir
reconnaître aussi la capacité électorale.

Je suppose que, par suite de ces dispositions,
le corps électoral sur lequel le gouvernement
repose, se trouve composé en France des cent
soixante à cent quatre-vingt mille familles les plus
riches et les plus aisées du pays. J'aurais pu dire
le nombre juste : c'est un fait qu'on peut aisément vérifier au ministère de l'intérieur.

Cette déclaration est-elle exacte? Le gouvernement s'est-il assis en dehors, en dedans, à
côté de ses vrais fondemens?

Moi, je crois fermement que le législateur a
mis plus d'électeurs dans la loi qu'il n'y en a
en réalité dans le pays. Il a bien pu sans doute
faire quelques omissions; mais il a fait plus d'ad-
ditions encore, et si, sur quelques points, il est
resté en deçà des limites réelles, sur d'autres il
est allé au-delà de la vérité.

J'ai de ceci une preuve dont l'évidence résiste
à toutes les objections, c'est le nombre des suffrages exprimés comparé à celui des électeurs
inscrits. On a eu beau envoyer des cartes, ouvrir les portes, appeler les électeurs, les inviter,
les presser : il a toujours manqué à l'appel un

grand tiers des noms portés sur les listes; c'est encore un fait aisé à vérifier. Cette statistique est exactement dressée au ministère.

Je sais bien qu'on est dans l'usage d'objecter que si le législateur s'était adressé plus bas il aurait rencontré plus de zèle. Mais ceux qui parlent ainsi ignorent absolument les faits, et l'expérience démontre encore que plus on est descendu et moins on a trouvé de zèle dans les électeurs. Il y a eu moins de monde aux élections des conseils généraux qu'aux élections politiques, et aux élections municipales qu'aux élections des conseils généraux. Ceci est notoire.

Je sais bien qu'on a coutume de dire encore que cette insouciance du pays doit être imputée au gouvernement; que c'est lui qui a tué l'enthousiasme, éteint le patriotisme; mais, outre l'injustice du reproche, c'est encore là une pauvre explication; car des hommes politiques qui, pour remplir leurs devoirs, auraient besoin de s'échauffer, de se battre les flancs, de se mettre, pour ainsi dire, hors d'eux-mêmes, qui n'attacheraient nul prix à leurs droits dès qu'ils seraient de sens rassis, seraient certainement de pauvres hommes politiques.

Et pourtant on réclame, on crie contre le monopole de l'électorat donné à moins de deux cent mille électeurs; et, pour remédier au mo-

uopole, l'un propose d'abaisser le cens électoral
à 5o francs, un autre à 25; celui-ci réclame
l'adjonction de je ne sais quelles capacités ex-
clues (1); celui-là le vote universel *à l'exclusion
des capacités;* tel veut voir les colléges formés
de tout ce qui sait lire et écrire; tel ne demande
que cinq cent mille électeurs; tel autre en réclame un million et tel encore quatre millions.

On ne prend pas garde que toutes ces propositions pourraient donner lieu aux mêmes reprochés; que toutes sont arbitraires; que toutes
sont exclusives; que les plus extravagantes par
leur extension laissent encore en dehors du corps
électoral vingt-neuf millions d'individus sur

---

(1) Il n'est, je pense, qu'un bien petit nombre d'hommes
capables qui ne soient pas compris dans le nombre des
électeurs censitaires. La loi, sans doute, peut laisser en
dehors un certain nombre de capacités dans les grandes
villes; mais il n'y en a qu'un très petit nombre d'exclus par
le défaut de cens dans les colléges qu'on peut appeler ru-
raux, et qui forment les $\frac{15}{16}$ des colléges électoraux du
royaume. J'en appelle à l'attention et à la bonne foi des
hommes qui habitent les départemens : que chacun prenne
la peine d'examiner, dans son centre, ce que la nécessité du
cens laisse en dehors d'hommes capables, et l'on demeurera
convaincu que l'exclusion de ce petit nombre de capacités
est d'un effet absolument nul dans l'immense majorité des
colléges électoraux, et que, par conséquent, elle ne change
rien au véritable état de la majorité dans la Chambre.

trente-trois millions et ne font entrer dans les colléges que le huitième de la population totale.

On ne prend pas garde d'ailleurs que le reproche de monopole adressé au corps électoral constitué par le gouvernement est absurde ; que ce corps est ouvert de tous les côtés ; que toutes les professions y conduisent, et qu'il suffit pour y entrer d'avoir assez avancé sa fortune pour payer un impôt direct de 200 francs.

On ne prend pas garde enfin que le gouvernement ne fait pas les électeurs ; qu'il est obligé de prendre ce qu'il trouve, qu'il ne lui suffirait pas de dire : *quatre millions d'individus seront électeurs* pour qu'il fût fait ainsi qu'il aurait dit, et qu'aucune des rédactions qu'on propose ne se rapproche de la vérité autant que la rédaction de la loi.

Il est sûrement regrettable, très regrettable que le corps électoral ne soit pas chez nous plus nombreux. Tant d'autres choses sont faites pour inspirer des regrets, sans être pour cela moins véritables ! Mais nous n'en resterons pas là, il le faut espérer : le corps électoral s'accroîtra ; il s'accroîtra parce que le nombre des hommes aisés et instruits augmente sans cesse ; il pourra s'accroître aussi parce que de certaines classes restées en dehors se seront mises en mesure d'y entrer: Je voudrais qu'il pût englober quelque jour toute la population virile du royaume. Je voudrais qu'il n'y eût pas une famille française qui n'eût assez avancé son éducation et sa fortune pour être élevée à l'exercice du pouvoir électoral. Non pas qu'à l'exemple de certains publicistes, je regarde l'acquisition de ce pouvoir comme une sorte de panacée universelle, comme un remède à tous les maux; mais parce que l'exercice des droits politiques ajoute à la dignité des hommes et complète leur éducation.

Au reste, tous les vœux du monde ne sauraient rien changer à la réalité des choses, et provisoirement on n'a pas pu appeler dans les colléges plus d'électeurs qu'il n'y en avait dans le pays. Or, loin de penser que le gouvernement en ait trop réduit le chiffre, je persisterais à croire qu'il l'a un peu forcé.

Et il ne faut pas dire que, pour être électeur, homme politique, il suffit d'être Français, membre du souverain, porté au rôle des contributions publiques, intéressé à ce que les affaires communes soient bien gérées; car l'enfant à la mamelle, la femme, l'interdit, le failli, réunissent ou peuvent réunir ces conditions, sans être pour cela, sans pouvoir être électeurs, et l'on s'étonnera sans doute de voir raisonner de la sorte un logicien habile comme M. de Cormenin. (1)

Il ne faut pas dire non plus que l'Angleterre,
avec une population beaucoup moindre, a un
nombre d'électeurs deux ou trois fois aussi
grand ; car si la population anglaise, absolument moins nombreuse, quoique en réalité plus
compacte relativement à l'étendue du sol qu'elle
habite, compte un plus grand nombre d'électeurs, c'est qu'elle est à tous égards plus avancée, et que, dans un nombre d'individus moindre, elle réunit un nombre beaucoup plus considérable d'hommes industrieux, aisés, instruits
et rompus surtout aux habitudes de la vie publique.

Ce n'est pas volontairement et par je ne sais
quel calcul intéressé que le gouvernement réduit
à moins de deux cent mille le nombre des électeurs de notre pays. Ce calcul, s'il l'avait fait,
serait assurément bien faux et bien mal habile ;
car, s'il lui importait beaucoup de ne pas se
placer sur de faux appuis, quel intérêt avait-il à
rétrécir sa base, ou plutôt quel intérêt n'avait-il
pas à l'élargir et à s'asseoir, s'il l'avait pu, sur
un corps électoral plus considérable, à ne lais-

---

(1) Voir sa pétition pour la réforme électorale.

ser, si la chose avait été possible, personne en
dehors du corps électoral?

Au surplus, si le gouvernement a fait la faute
de laisser des classes d'électeurs un peu importantes en dehors des colléges électoraux, c'est à
elles de se montrer, de produire leurs titres,
d'établir leur capacité, de prouver leur vraie
qualité de classes politiques, et de mettre dans
leur requête assez de raison, de tenue, de suite,
de constance, de fermeté respectueuse, pour
convaincre les grands pouvoirs de l'État qu'on
peut les admettre sans péril et qu'on ne saurait
les écarter sans danger comme sans injustice.
C'est là, en définitive, la preuve que doit toujours faire un peuple ou une fraction de peuple
qui veut acquérir de nouveaux droits et de nouveaux pouvoirs. Qu'un jour donc la preuve soit
faite comme elle doit l'être, et je ne doute pas
qu'alors le gouvernement ne se rende aux vœux
des postulans.

Mais je pense aussi que le gouvernement saura
ne pas se laisser surprendre; qu'il aura assez de
fermeté et d'intelligence pour ne pas céder à de
faux-semblans, et qu'avant d'abaisser la barrière
devant de nouveaux électeurs, il voudra qu'ils
se légitiment et prouvent qu'ils sont dignes
d'entrer. Il est par trop étrange qu'au bout de
trois ans, et après une seule expérience faite

d'une des lois les meilleures et les plus loyales qu'on ait promulguées chez nous depuis quarante-cinq ans, on vienne demander que cette loi soit détruite. Qu'on songe un peu au temps qu'ont duré les bourgs pourris et à ce qu'il a fallu de pétitions en Angleterre avant d'obtenir la réforme. La vie publique n'est pas si peu de chose qu'on soit obligé d'en ouvrir l'accès au premier venu. Il faut en prévenir l'avilissement dans l'intérêt même de ceux qui y aspirent. *Il s'agit,* dans l'intérêt de tout le monde, *non de ravaler le gouvernement, mais d'élever les populations.*

Qu'on ne dise donc pas que le gouvernement est resté en arrière de l'état moral et politique du pays en portant à près de deux cent mille le nombre des familles qu'il a introduites dans le corps électoral. Il me semble que loin d'avoir été trop exclusif il a admis bien des gens à qui il n'y avait aucune urgence d'ouvrir la porte, puisqu'ils ne demandaient pas même à entrer. La preuve qu'il a appelé assez d'électeurs, c'est que beaucoup de ceux qu'il a appelés n'arrivent point, quelques instances qu'il leur fasse; c'est que ceux qu'il n'a pas admis ont pu se trouver exclus sans inconvénient, et n'ont rien fait d'où l'on dût nécessairement inférer qu'on avait eu tort de ne pas les admettre : *Volenti non fit injuria.* Les pétitions des partis extrêmes pour la réforme électorale ont été un fait politique sans valeur réelle, et la Chambre a eu raison, je le pense, de n'y donner aucune attention. Il faut espérer que le gouvernement parviendra à faire comprendre aux partis, même les plus emportés, qu'il faut pourtant qu'ils modèrent leur fougue, qu'ils deviennent capables de discipline, et qu'ils apprennent comment s'acquièrt la liberté.

Chambre des Députés.

Les progrès de cette institution ne peuvent être contestés par personne. Les réformateurs les plus radicaux ne sauraient nier qu'elle n'ait été corrigée même dans sa source, et qu'on n'ait dû rendre la Chambre meilleure par cela seul qu'on a amélioré le pouvoir électoral ; qu'on a donné à ce pouvoir une base plus large ; qu'on l'a enfoncé davantage dans les rangs des classes instruites et aisées ; qu'on a rendu les bons choix plus faciles par l'abaissement du cens et de l'âge de l'éligibilité, et surtout qu'on a aboli le double vote ; qu'on a supprimé ces hauts colléges dans lesquels une poignée d'électeurs privilégiés, quinze mille environ, appartenant pour la plupart à la fine fleur de l'aristocratie territoriale, après avoir agi, intrigué et voté dans les colléges inférieurs, allaient voter à part, une seconde fois, et nommaient à eux seuls un nombre de députés égal aux deux cinquièmes de la Chambre.

Cependant, quoiqu'on ne puisse nier ces corrections évidentes faites aux bases de l'institution, c'est surtout dans ses bases qu'elle est attaquée. On lui reproche de sortir d'une source trop resserrée et trop faible. Cela se réduit, comme on voit, aux reproches dirigés contre l'institution plus fondamentale du corps électoral. Toute la question est donc de savoir jusqu'à quel point sont fondés ces reproches. Je renvoie à ce que je viens de dire sur ce point.

J'ajoute ici seulement que la Chambre aurait peut-être gagné à ce qu'on fractionnât moins les assemblées électorales, à ce qu'on les réduisît à une seule par département. Il eût été naturel, ce semble, d'élever la source de l'élection à mesure qu'il s'agissait d'élire un pouvoir plus élevé, de faire élire les conseils d'arrondissement par des assemblées cantonnales, les conseils généraux par des assemblées d'arrondissement, la Chambre par des colléges départementaux. Cette graduation dans les assemblées d'électeurs n'eût pas été seulement plus logique, elle eût été certainement plus profitable; car, tandis qu'elle eût donné plus de force à la Chambre en élevant et fortifiant sa source, elle l'eût fortifiée aussi en amenant de meilleurs choix.

Du reste, on ne nie pas, j'imagine, les améliorations qu'a reçues la Chambre, considérée en elle-même et en dehors de sa source. On ne disconvient sûrement pas qu'elle n'ait été rendue plus libre dans ses mouvemens intérieurs, plus maîtresse d'elle-même, plus indépendante des autres grands pouvoirs de l'État, moins pauvre de prérogatives utiles, mieux organisée pour la tâche que sa nature l'appelle à remplir; et que la nomination de ses présidens qui lui a été donnée, l'initiative des lois qu'elle a reçue, l'obligation qui a été imposée à ses membres, nommés à des fonctions publiques salariées, d'aller demander à leurs commettans s'ils les jugent dignes encore de leur confiance, ne soient d'importans changemens faits à sa constitution.

Il paraît, il est vrai, que la presse radicale, non contente de l'exclusion qui a été donnée à un certain nombre de fonctions publiques, voudrait voir exclure de son sein toute espèce de fonctionnaires publics. Mais cette idée, que des notions incomplètes d'économie sociale avaient induit autrefois le *Censeur européen* à mettre en avant, avait été formulée dans cet ouvrage en termes beaucoup trop absolus; et j'hésite d'autant moins à le reconnaître que je n'avais pas attendu, pour modifier sur ce point mes idées, de me trouver dans une position différente.

Sans doute quand on considère la Chambre comme appelée à contrôler les actes du gouvernement, y appeler, surtout en grand nombre, des membres et des agens du gouvernement peut sembler à la fois dangereux et peu logique. Mais il faut songer qu'elle n'est pas directement, ou du moins exclusivement élue pour exercer un droit de censure ; que sa vraie tâche est de concourir, avec les autres grands pouvoirs de l'État, à donner à la société les lois que sa situation réclame, et qu'il deviendrait absurde d'exclure de ce travail les hommes dont il est pour ainsi dire la spécialité, et qui doivent y avoir le plus d'aptitude, les publicistes, les fonctionnaires publics, les hommes d'État. On sent d'ailleurs que ce corps politique, qu'on appelle la représentation de la société, doit être formé des notabilités de toutes les professions que le corps social embrasse, et qu'une absurdité nouvelle serait de vouloir que la classe si importante et si nombreuse des fonctionnaires publics fût la seule qui n'y fût pas représentée.

On ne ferait donc rien moins que perfectionner l'institution en en interdisant l'accès aux fonctionnaires ; d'autant qu'ils ne sont jamais là, en cette qualité, que de l'aveu de leurs commettans ; qu'ils y sont dans une position spéciale, où ils cessent de dépendre du gouvernement, et qui garantit, loin de la compromettre, leur qualité d'hommes publics, du moins quand ils savent se tenir dans de certaines bornes, et donner quelque dignité à leur opposition, s'ils se croient dans la nécessité d'en faire.

Je n'examine pas ce qui peut manquer encore aux réglemens intérieurs de la Chambre ; je ne suis pas placé de manière à en bien juger. Mais, telle que la révolution l'a faite, et considérée maintenant dans son principe et dans ses formes les plus essentielles, elle me paraît laisser peu de chose à souhaiter.

Sortie d'une source plus forte et plus épurée, devenue un peu plus nombreuse, formée d'élémens plus jeunes et plus actuels, plus libre dans ses mouvemens et dans son allure, pourvue de pouvoirs plus étendus, son insuffisance, si elle se montrait inférieure à sa tâche, tiendrait, je ne crains pas de le dire, à l'insuffisance même du pays.

Ajoutez, si vous voulez, que, plus indépendante des autres grands pouvoirs de l'État, elle se trouve, à côté d'eux, sur une ligne plus égale, et que si, dans l'ordre des préséances, elle occupe e troisième rang, comme il est juste et convenable, elle a pourtant une meilleure attitude aux yeux du pays, et qu'à l'ouverture des sessions législatives, par exemple, elle ne reçoit plus cette insolente permission de s'asseoir que les rois de la restauration ne daignaient pas même lui donner de leur bouche, et qu'ils lui faisaient transmettre par leur chancelier, après avoir dit aux membres de l'autre Chambre : *Messieurs les Pairs, asseyez-vous.*

Pairie.

Comme le pouvoir électoral, comme la Chambre des Députés, la Chambre des Pairs a subi de très graves modifications dans sa nature et dans ses formes :

Dans ses formes ; car elle a reçu comme l'autre Chambre l'initiative des propositions de lois et a pu admettre le public à ses séances, jusque-là secrètes.

Dans sa nature ; car la dignité de ses membres est devenue viagère d'héréditaire qu'elle était ; et le corps, destiné à se renouveler plus rapidement, à voir entrer dans son sein plus de familles nouvelles, a été mis, par cela même, plus en contact avec la société et plus en rapport avec les changemens continuels qu'elle subit et les nouveaux besoins qu'elle éprouve.

Cependant l'innovation, si j'ai bonne mémoire, a paru mesquine aux réformateurs de l'opposition. Cela prouve, à mon avis., que ces réformateurs n'étaient pas gens à se contenter de peu. L'abolition de l'hérédité de la pairie, en effet, est la réforme la plus considérable qui ait marqué la révolution de 1830. Ce n'est peut-être pas celle qui a produit immédiatement le plus de fruit, et, pour l'utilité des conséquences immédiates, je n'hésiterais pas à placer avant celle-là, l'abolition du double vote et la constitution plus saine et plus forte du corps électoral ; mais elle a été la plus considérable en ce sens qu'elle était la plus difficile à obtenir, qu'elle était un changement et presque une suppression d'état pour tout un ordre de familles, et de familles importantes, qu'elle dénaturait un des grands pouvoirs de l'État, qu'elle pouvait inspirer des craintes à un autre, et qu'en détruisant l'hérédité de la pairie elle semblait menacer de loin la seule hérédité qui reste. Voilà par où l'innovation a été considérable beaucoup plus que par ses bons effets immédiats, infiniment moins sensibles que ceux de plusieurs autres réformes qu'on a faites.

Il y aurait fort à gloser sur la manière dont la chose s'est passée. Aurai-je la hardiesse de le dire ? on a mal agi de toutes parts. Du côté des provocateurs de la mesure, les procédés ont été indignes, on a ameuté le pays, on l'a passionné tant qu'on a pu : c'est un tort que l'opposition se donne toujours, même alors qu'elle soutient les meilleures thèses. Du côté du gouvernement il y a eu faiblesse, inconséquence et manque de lumières : faiblesse, car on a cédé à l'entraînement du public, tout en déclarant cet entraînement insensé; inconséquence, car on a pris la défense de l'institution tout en demandant qu'elle fût abolie; manque de lumières, car en prenant la défense de l'hérédité, on a défendu ce qui n'était pas défendable.

Il n'y avait là qu'une question vraiment sérieuse, la question d'opportunité, de temps, de possibilité; mais celle-là était immense; et ceux qui trouvent que ce n'était rien que de mettre en question l'existence d'un des grands pouvoirs de l'État, quand rien encore n'était établi; que d'enlever à trois cents familles plus ou moins considérables, un titre qui était à la fois une haute position et une haute fortune; qu'il n'y avait à tenir compte ni de la désaffection qu'on pouvait porter dans une partie de ces familles, ni de la haine qu'on allait inspirer aux autres, à leurs amis, à leurs cliens, à tout ce qui était entraîné dans leur sphère d'action; qu'il n'y avait point à s'inquiéter de ce que penseraient toutes les aristocraties héréditaires de l'Europe, plus ou moins impliquées dans la guerre faite à notre pairie; qu'on ne devait prendre aucun souci des difficultés qu'on allait susciter à un ministère ami, au ministère Grey, qui demandait en ce moment la réforme des bourgs pourris à la pairie anglaise, laquelle pouvait lui montrer par ce qui se passait chez nous, à quoi tendaient, de plus ou moins loin, les réformes électorales; qu'il ne fallait pas davantage s'embarrasser du mauvais renom que cette grave entreprise pouvait donner dans toute l'Europe à la révolution, qu'elle montrait toujours aventureuse, toujours précipitée dans ses réformes.... ceux, dis-je, qui ne voyaient pas cela ou qui ne voyaient dans tout cela rien qui dût arrêter des réformateurs intrépides, pouvaient sans doute passer pour d'intrépides réformateurs, mais pas peut-être aussi aisément pour des réformateurs très sages.

Le fait est que le pas était des plus avancés et des plus hardis, d'autant qu'on n'était réellement soutenu que par de l'effervescence, par un mouvement de passion, par un reste de cette haine d'instinct que notre nation, plus qu'aucune autre au monde, éprouve contre les positions privilégiées et les grandeurs artificielles, et qu'on ne l'était point par une conviction raisonnée de ce qu'il pouvait y avoir de déraisonnable et de fâcheux dans l'hérédité de la pairie en elle-même.

Après cela, si l'on pouvait aller si avant sans péril, la chose était assurément fort bonne; et ce grand changement, qu'on a appelé une réforme bâtarde, était la plus utile comme la plus avancée des innovations.

Il faut convenir en effet que l'hérédité des offices publics est en général et philosophiquement parlant une chose à peu près impossible à défendre. Il n'est, ainsi qu'on l'a dit, pas plus raisonnable d'avoir des législateurs héréditaires que d'avoir des juges, des généraux, des colonels héréditaires; à quoi il faut ajouter que la chose est dans ses effets aussi nuisible qu'elle est en principe peu sensée. Il est certainement d'un effet peu moral de mettre plusieurs centaines de familles hors de cette loi commune des familles, qui veut que chacune d'elles s'élève ou s'abaisse selon qu'elle se conduit bien ou mal, qu'elle est intelligente ou idiote, laborieuse ou fainéante, vertueuse ou déréglée. Il avait été peu moral de mettre trois cents maisons de Pairs dans une situation telle qu'elles ne pussent jamais décliner, qu'elles n'eussent pas à craindre de s'appauvrir, qu'elles fussent à jamais certaines de rester politiquement dans la grandeur, alors même qu'elles tomberaient moralement dans la bassesse.

S'il avait été mal de mettre trois cents familles, considérées individuellement, dans une telle position, il n'avait pas été mieux d'y placer un corps politique. Il n'est certainement pas bon qu'un pouvoir public se croie assuré de vivre, quoi qu'il fasse, et puisse placer l'espoir de sa durée dans un principe indépendant de la bonne direction qu'il suit.

Notez d'ailleurs que ce n'est réellement pas là pour lui un bon principe de force, et que l'espèce d'immortalité offerte à ses membres garantit assez mal son avenir.

Il faut songer que les corps ne se conservent pas tant par la perpétuité des mêmes noms que par la perpétuité des mêmes maximes. Un corps aurait beau se renouveler, s'il avait un vrai bon esprit, et savait y persister avec constance, il aurait, avec des noms nouveaux, une vigueur toujours la même. L'hérédité de la pairie, utile peut-être aux familles pairésses, ne servait certainement pas la pairie.

C'est donc avoir rendu à la Chambre des Pairs un service douloureux peut-être, mais réel, que d'avoir ôté l'hérédité à ses membres, et de l'avoir ainsi contrainte à chercher des élémens de force et de durée dans de bons et solides principes de conduite.

L'hérédité ayant été supprimée, la pairie n'a

plus peut-être la même valeur d'opinion ; elle n'a pas non plus la même valeur commerciale : on ne la cote plus à la Bourse au taux de 800,000 francs ; mais elle peut avoir en résultat pour le pays une valeur beaucoup plus réelle : tout dépend des maximes qu'elle se fera, et de la constance qu'elle mettra à les suivre. Si de bonnes traditions s'y établissent et deviennent héréditaires, peu importera que l'hérédité du titre en soit bannie.

M. Barrot, dans la discussion qui a précédé cette grande mesure, a assigné, pour tâche fondamentale à la Chambre des Pairs, en politique, le travail des applications, qu'il distinguait de celui des théories. « La Chambre des Députés, disait-il, est appelée par sa nature à proposer des idées nouvelles, la Chambre des Pairs à juger quelles de ces idées sont susceptibles d'être appliquées. »

Cette vue, qui est belle, n'était pas complétement exacte. Il y a dans tout corps politique, considéré isolément, ce que M. Barrot cherchait dans deux corps séparés : des hommes de théorie et des hommes d'application ; des hommes qui poussent en avant, d'autres qui tirent en arrière ; et d'autres, placés entre ces extrêmes, qui maintiennent le *statu quo* du mieux qu'ils peuvent, et qui, haïssant le passé, se défient de l'avenir, et ne cèdent qu'avec circonspection aux nouveautés qu'on leur propose. C'est le spectacle qu'a offert long-temps notre Chambre des Députés avec son côté gauche *progressif,* son côté droit *rétrograde* et ses centres *résistans.* Les centres, voilà les hommes d'application de M. Barrot. On n'aurait donc pas besoin, à la rigueur, d'une seconde chambre pour trouver ce pouvoir calme, réfléchi, résistant, progressif avec lenteur et avec mesure, que l'honorable député voyait dans la Chambre des Pairs. Ce pouvoir existe à la Chambre des Députés, et se trouve personnifié dans ce qu'on nomme les centres. Cependant la manière dont est formée la Chambre des Députés indique assez que ses hommes d'application ne peuvent pas être aussi calmes, aussi forts, aussi habiles que ceux de l'autre Chambre, qui, formée à loisir par le gouvernement, et composée par lui de notabilités choisies, d'hommes vieillis dans les affaires, réunit, ou devrait réunir du moins, ce qu'il y a dans le royaume de plus éclairé, de plus habile, de plus exercé, et par conséquent de plus propre à apprécier le mérite et l'opportunité des réformes proposées à la législature.

Le fait est que la Chambre des Pairs, dépouillée du faux principe de force qu'elle puisait dans l'hérédité, et n'en puisant, par la nature

des choses, qu'une médiocre dans les formes de
son renouvellement, a le plus haut intérêt à
compenser par de bonnes maximes ce qu'elle a
perdu et ce qu'elle n'a pas acquis; à se montrer
habile et sage, et savante; à connaître mieux
que personne les besoins de la société, les lois
qui président à son développement, les progrès
qu'elle a faits, l'état où elle se trouve, et à pouvoir juger sainement, en toute circonstance,
des changemens qu'il est bon d'introduire dans
l'état de sa législation; à montrer, en un mot,
une capacité législative toute spéciale.

C'est ainsi qu'on l'a perfectionnée en chan-
geant sa nature, et si la grande réforme qu'elle
a subie n'a pas été trop hâtive, si le gouvernement, d'un autre côté, a apporté à sa compo-
sition les soins et le discernement que requérait
un travail de cette importance, on ne peut mettre
en doute que la réforme qu'elle a subie n'ait pour
résultat de l'améliorer profondément.

Royauté.

J'ai déjà dit en peu de mots ce qui caractérisait
la royauté nouvelle et la distinguait des royautés
précédentes.

Son origine d'abord, née qu'elle était du vœu
public le plus spontané, le plus instinctif, le

plus éclairé, le plus général, le plus évident, le plus exempt de contrainte, le plus pur de toute violence qui ait jamais marqué la naissance d'aucun gouvernement sans exception ; débattant franchement et fermement les conditions auxquelles elle pouvait accepter le pouvoir; mais l'acceptant au lieu de prétendre l'imposer, comme l'avait fait la royauté déchue, avec l'aide de baïonnettes ennemies. Point de hallebardes autour d'elle, point de hallebardes étrangères surtout, point d'armée d'occupation, point de Suisses en permanence, point de gardes-du-corps, point de garde royale ; vingt millions de moins de liste civile, 15 millions 600 mille francs distraits du domaine de la couronne, domaine extraordinaire, néant; partageant l'initiative des lois avec les Chambres, faisant subir à ses pouvoirs collatéraux et à toutes les autres institutions fondamentales du pays les graves modifications que j'ai énumérées plus haut.

Il semble que ce sont là des changemens, que ce sont là des progrès.... Cela n'est rien du tout, absolument rien ; tout cela est à cent lieues de ce que demandait et devait obtenir la France, la France républicaine, s'entend.

La royauté nouvelle, dit cette France-là, n'a été assez modifiée ni en elle-même, ni dans les pouvoirs dont elle est entourée. Le roi devait être taillé sur le patron d'un président des États-Unis. Qu'avait-il besoin de liste civile? Son domaine privé suffisait bien. Et puis, il ne devait pas oublier qu'on attendait de lui qu'il serait un roi républicain, un roi la meilleure des républiques, un roi entouré de pouvoirs démocratiques et radicaux.

Des réformateurs vulgaires se seraient imaginé peut-être qu'il y avait, bon gré mal gré, quelque compte à tenir de la situation de l'Europe et de la manière dont les autres grandes puissances sont constituées; qu'on ne pouvait pas établir en France, en France surtout, au sein de cette France dont les exemples sont si contagieux et si redoutés, un gouvernement trop complétement différent de tous les autres; que plus on le voudrait faire radical et populaire, et plus on aurait de peine à le faire accepter... La politique républicaine avait changé tout cela; elle n'avait point à tenir compte des faits : la royanté nouvelle devait s'entourer d'institutions républicaines. Elle n'a pas voulu être une quasi-république, il faudra qu'elle devienne une république tout-à-fait.

Je n'ai, spéculativement parlant, et de quelque amas d'absurdités et d'horreurs que ses partisans aient entouré le mot, aucune aversion pour la chose appelée république. Cette chose

n'est pas en elle-même, comme les menaces à la
propriété, comme les attentats à la liberté du
travail, de celles qui font hurler le bon sens,
qui mettent en révolte la nature des hommes et
des choses. Je ne pense pas, comme un habile
ministre, qu'elle est le gouvernement des peuples naissans. J'aurais plutôt quelque propension
à croire qu'elle est dans les possibilités, dans
les probabilités de l'avenir ; qu'elle sera peut-
être une des dernières déductions de la civilisation politique de l'Europe ; et telle est même
l'idée que je me fais de la haute raison du chef
héréditaire de l'État, qu'en plaçant la république
à la distance voulue par les lois de l'histoire, en
la rejetant dans cet avenir inconnu et certainement très reculé où elle sera peut-être devenue
une nécessité des temps, je suis persuadé, sans
pourtant en rien savoir, que cette haute raison
n'aurait aucune répugnance à l'admettre.

J'irai plus loin, et comme je n'aime pas qu'on
traite les hommes en enfans et qu'on leur fasse
des monstres de choses d'ailleurs fort naturelles,
dont il peut y avoir temporairement d'excellentes raisons pour chercher à les détourner, je dirai
que la république, là où se trouvent réunies les
conditions de son existence, n'est rien moins
qu'une monstruosité ; qu'elle est un noble et beau
gouvernement au contraire ; qu'elle ne paraît

naturellement incompatible avec aucune des choses que nous considérons avec raison comme le fondement de toute société, comme le principe de tout développement, c'est-à-dire, avec la parfaite sûreté des personnes, avec le respect inviolable des propriétés, avec la pleine liberté du travail; qu'elle ne contrarie aucune des lois de notre nature; qu'elle ne prétend point empêcher que les hommes ne naissent avec des facultés différentes, et que, ne faisant pas tous le même bon emploi de leurs facultés, ils ne puissent se trouver dans des positions très inégalement heureuses; qu'elle n'exclut aucune des distinctions justes et naturelles qui sont la suite d'une vie plus active, mieux réglée, plus intelligente, plus noble, plus honorable, et qu'au contraire elle vise, comme tous les bons régimes, à faire que chacun soit heureux, et riche et distingué en proportion de ses œuvres.

Mais l'infaillible moyen de faire qu'elle fût la ruine de tout cela, serait, sans nul doute, de travailler prématurément à l'établir.

Qu'est-on venu parler d'un en cas républicain qui, à défaut du roi régnant, se serait trouvé là tout prêt à recevoir le gouvernement du royaume? Quelque juste vénération que l'on puisse avoir pour la vie simple, digne, égale du noble personnage auquel on a voulu faire allusion, je dirai

que c'est se moquer de la raison de la France que
de parler, comme d'une combinaison à laquelle
la France eût pu songer, d'un essai de république avec ce personnage ou avec tout autre.
Croit-on que quarante-cinq ans de révolution ne
nous aient donné nulle expérience des choses
possibles et des choses impraticables ? Croit-on
que si nous avons besoin de progrès nous ne
soyons pas affamés de repos, et profondément
dégoûtés de folies qui rendraient tout progrès
impossible?

Ceux qui parlent de république en Europe,
à l'heure qu'il est , et quand ses gouvernemens
monarchiques sont si loin encore d'être parvenus à l'état constitutionnel, n'ont pas la première idée, s'ils sont sincères, des lentes gradations avec lesquelles la société accomplit ses réformes. Qu'on songe au temps et aux efforts qu'il
a fallu pour l'abolition du régime féodal ! Qu'on
songe à ce qu'a coûté la destruction du régime
des priviléges !....

Sait-on ce qu'il faudrait pour que la république fût possible? Il faudrait qu'aux monarchies
absolues eussent succédé, dans toute la société
européenne, des gouvernemens représentatifs;
il faudrait que ces gouvernemens, passés et re-
passés au creuset des révolutions, eussent eu le
temps de devenir sincères; il faudrait que la base

s'en fût lentement et laborieusement élargie; il faudrait que, dans le cours des luttes violentes et des nombreux bouleversemens auxquels ces changemens auraient infailliblement donné lieu, le nombre des prétendans au premier poste se fût sensiblement accru; il faudrait qu'il se fût accru encore par l'abaissement des trônes et l'élévation progressive des nations; il faudrait qu'entre les hommes capables de porter, sans sourciller, la vue sur la première place, cette place eût été maintes fois disputée, qu'elle eût passé de mains en mains, et qu'enfin les populations, lasses de voir ces mutations fréquentes, accompagnées de déchiremens cruels, sentissent vivement et universellement le besoin de les simplifier. C'est alors peut-être qu'elles pourraient essayer, avec quelques chances de succès, de substituer l'élection régulière à l'élection à main armée. Mais le temps dont je parle là, s'il doit jamais arriver, est un avenir dont l'Europe contemporaine est peut-être séparée par un intervalle de plus de six siècles, et la réforme immense qu'il verra s'accomplir, aura été l'accouchement le plus long, le plus laborieux, le plus sanglant qu'aura présenté jusqu'alors l'histoire des révolutions humaines. Qu'on nous parle maintenant du gouvernement républicain comme d'une chose simple et familière, qui entre tout naturellement dans les possibilités de ce temps-ci, et qu'on établira demain, après-demain, quand on voudra.

Après cela, il me semble qu'on se fait de singulières illusions sur les vertus de la république. Quand son établissement, avant l'avenir lointain où elle sera devenue possible, pourrait être considéré comme un progrès, croit-on que ce progrès impliquerait nécessairement tous les autres, et que, la république venue, tout le reste devrait immédiatement venir ? Vaudrions-nous mieux sous un chef électif que sous un chef héréditaire ? Ce changement de régime nous aurait-il corrigé de nos travers ? Aurions-nous fait peau nouvelle ? Serions-nous préparés à tous les changemens que demandent nos seigneurs et maîtres les républicains ? Est-ce que sous un chef électif, comme sous un chef héréditaire, les grands pouvoirs de l'État, à moins qu'ils n'abdiquassent toute raison et toute prudence, ne seraient pas forcés, avant d'introduire une réforme dans les lois, d'attendre qu'elle eût été faite dans les idées et dans les habitudes ? Et si, de par l'invincible nature des choses, il fallait procéder sous la république ainsi que nous procédons sous la monarchie, quel avantage si grand pourrions-nous espérer de ce changement de régime ? Est-ce que la royauté nouvelle a tellement enchaîné les intelligences, tellement mis d'entraves à la communication des idées et à la réalisation des véritables vœux des peuples, que nous soyons réduits pour faire des progrès à nous placer sous l'invocation de la république et à l'appeler à notre secours?

Ah ! convenons plutôt qu'elle ne paraîtrait pas si rétrograde si elle n'était pas en effet si avancée, et si la haine des factions ne pouvait se servir, pour essayer de la détruire, des nouveaux et puissans organes qu'elle a donnés à la raison publique pour se perfectionner.

Lois et Actes du Gouvernement contre les partis qui lui sont hostiles.

J'ai annoncé, en énumérant les améliorations introduites dans notre législation constitutionnelle, que j'arriverais plus tard aux lois et actes arbitraires qu'on reproche au gouvernement. M'y voici.

Le progrès, à cet égard, consistait à faire moins que n'avaient fait les précédens régimes. Niera-t-on que ce progrès n'ait eu lieu ? Niera-t-on que le gouvernement ne soit moins sorti, envers ses ennemis, des bornes d'une légitime défense que ne l'avait fait jusqu'à lui aucun gouvernement nouvellement institué ?

Qu'on ouvre les annales des divers établisse-

mens politiques qui se sont successivement élevés au milieu de nous depuis bientôt un demi-
siècle ; que l'on compare les agressions dont
chacun d'eux a été l'objet, la manière dont
chacun d'eux s'est défendu, et que l'on pro-
nonce ensuite.

J'ai l'intime conviction d'employer un langage exact, et de parler comme fera l'histoire,
en disant que jamais gouvernement de nouvelle
création n'a plus permis à l'esprit de parti de se
donner carrière, ne s'est moins effrayé des entreprises de ses ennemis, n'a montré plus de
confiance en lui-même, n'a plus compté sur la
vigueur naturelle de sa constitution, sur la bonté
de son origine, sur l'assentiment et l'appui des
populations ; que jamais gouvernement, plus
audacieusement assailli par des partis en minorité, n'a semblé prendre aussi peu de soin de sa
défense.

Je demande si jamais attaques eurent un caractère plus ouvertement factieux que celles
dont il a été l'objet, depuis quatre ans, de la
part des deux partis qui lui sont le plus contraires ?

A quelle époque a-t-on vu que les ennemis
d'un gouvernement puissant (celui-ci a montré
en plus d'une occasion qu'il était assez puissant
pour contenir ses adversaires), à quelle époque,

dis-je, a-t-on vu que les ennemis d'un gouvernement puissant pussent le renier publiquement, déclarer qu'ils ne le reconnaissent pas ,
en parler comme d'un fait violent auquel ils ne
se soumettaient que par force , qui serait inévitablement détruit, qui ne pouvait manquer
d'être remplacé par celui que préconisait hardiment chacun d'eux, et préparer ostensiblement
en effet, par toutes sortes de diffamations et
d'entreprises violentes , la ruine de l'ordre existant, et l'établissement de celui qu'ils préten-
daient mettre à la place ?

Eh bien , c'est là le spectacle que n'ont cessé
de donner, depuis quatre ans, les ennemis du
nouveau régime, et cela en pleine paix , sous
l'empire de lois libérales loyalement exécutées ,
en présence du jury appliqué aux délits politiques, des colléges électoraux agrandis et perfec-
tionnés, des Chambres devenues plus puissantes,
régnant la liberté la plus illimitée de la tribune
et de la presse, quand il n'y avait nul véritable
prétexte à une telle nature d'agressions, quand
tous les partis de quelque valeur et de quelque
aptitude aux affaires trouvaient dans l'ordre établi les moyens les plus étendus de proposer leurs
idées, et de les faire prévaloir si elles avaient
l'assentiment de la France.

Qu'a fait cependant le gouvernement pour se

défendre contre ces attaques à la fois si violentes et si dénuées de motifs sérieux? L'ordre légal a-t-il été suspendu? A-t-on détruit ou mutilé les garanties constitutionnelles, les élections, le jury, la presse? Non : tout cela a été intégralement maintenu. Seulement, des partis en pleine révolte ont été soumis, à Paris, durant quelques jours, et, dans quelques départemens de l'Ouest, pendant plusieurs mois, aux juridictions de l'état de siége ; une princesse de la branche déchue a été quelque temps retenue captive sans jugement dans une prison d'État ; on a défendu le colportage des journaux dans les rues ; on a interdit la formation de sociétés politiques, et brisé de vive force des associations factieuses qui avaient été précédemment formées ; il n'a plus été permis d'avoir chez soi des armes et munitions de guerre.... Je pense que c'est là tout, à moins qu'on ne veuille ajouter qu'il a été exercé devant le jury des poursuites en grand nombre contre les journaux qui paraissaient avoir reçu plus particulièrement la mission de diffamer et de pousser à la révolte, et que le gouvernement, attaqué à main armée, s'est vu réduit, dans un petit nombre d'occasions, à la triste nécessité de repousser la violence par la force.

Voilà les mesures tout à la fois de répression et de prévention que le gouvernement a employées, mesures qui ont souvent été faibles, il faut le dire, comparées à la fureur des attaques, et contre lesquelles néanmoins se sont élevés plus de cris de réprobation que n'en avaient excité dans aucun temps les tyrannies les plus exécrables.

Je n'éprouve aucune difficulté à reconnaître que ces mesures n'ont pas eu toutes un caractère régulier. Il n'a pas été selon les règles de droit commun, cela est vrai, de livrer à des commissions militaires les révoltés des 5 et 6 juin, de retenir sans jugement la duchesse de Berry prisonnière, d'ériger en actions punissables le simple fait de crier des journaux ou de former des associations. Pour demeurer dans les limites ordinaires du droit, il aurait fallu, c'est indubitable, traduire les révoltés de juin devant le jury, mettre en jugement la prisonnière de Blaye, tolérer le colportage et le droit d'association, choses innocentes en elles-mêmes, et se contenter de donner des armes suffisantes à la justice contre la distribution dans les rues d'écrits diffamatoires, et contre les associations ayant un caractère séditieux.

Il se peut aussi que ces déviations du droit commun n'aient pas été toutes nécessaires. Je ne suis pas convaincu, je l'avoue, qu'il y eût nécessité d'enlever à leurs juges naturels les révoltés

des 5 et 6 juin. Peut-être, au moment où ils ont
été jugés, aurait-on obtenu contre eux des ver-
dicts plus courageux du jury que des conseils de
guerre. Il est probable qu'après la défaite qu'ils
venaient de subir, des jurés pris dans une population dont ils ne cessaient depuis long-temps
de troubler la paix et de compromettre les intérêts les plus précieux, auraient été pour eux
des juges sévères ; tandis que des juges militaires, affaiblis par l'irrégularité et l'impopula-
rité de leur mission, devaient être nécessairement un peu méticuleux. Je ne suis pas convaincu
non plus qu'il fût indispensable de supprimer
le droit d'association pour avoir raison des sociétés factieuses qui menaçaient le gouvernement. Pourquoi les tribunaux étaient-ils sans
force contre ces sociétés ? Précisément parce
que le Code pénal de l'empire, à la fois tyrannique et faible sur ce point, ayant supprimé le
droit d'association, n'avait plus eu de pénalités
à établir contre l'abus d'un droit dont il inter-
disait l'usage, et s'était contenté de prononcer
une peine insignifiante *contre les chefs seulement*
de toute réunion politique de plus de vingt personnes existant sans autorisation. Que fallait-il
donc faire ? l'inverse de ce qu'avait fait le Code
impérial : respecter la faculté et établir contre
l'abus des moyens de répression convenables ;

donner à la justice, au lieu du pouvoir à la fois
arbitraire et insuffisant de supprimer toute association non autorisée, et de prononcer une lé-
gère peine contre les chefs ordinairement in-
trouvables de ces associations, le pouvoir plus
juste et plus efficace d'ordonner la dissolution
de toute société déclarée factieuse, et de prononcer des peines sévères contre tout homme
convaincu d'en avoir fait partie. Je pense bien
que ce pouvoir aurait pu encore ne pas être
suffisant. Au point où en étaient les choses, il
n'était plus guère possible d'obtenir la dissolution des sociétés anarchiques qui s'étaient formées autrement que par la force des armes. Les
partis hostiles ne se sentaient pas assez vaincus,
ils voulaient faire encore l'essai de leurs forces.
On ne pouvait donc, quelque mesure qui fût
prise, éviter d'en venir aux mains. Mais on conviendra que si les agens de la puissance publique
s'étaient présentés devant les associations munis
de jugemens réguliers, rendus en exécution
d'une loi irréprochable, ils auraient été plus
forts qu'ils ne pouvaient l'être en arrivant à elles
munis d'ordres de la police administrative et
faisant exécuter une loi de prévention. Il aurait
encore fallu tirer l'épée du fourreau sans doute ;
mais la révolte, se sentant dépourvue de prétexte, aurait probablement été moins hardie et

moins obstinée, et il y aurait eu moins de mal à faire pour l'abattre.

Il est très peu de cas, j'en suis convaincu, où il soit vraiment expédient de recourir aux voies préventives. J'ajoute que notre gouvernement me paraît plus intéressé qu'aucun autre à s'abstenir de l'emploi des moyens de prévention. Entouré de partis redoutables, sans cesse occupés à le pousser hors de son chemin, son plus grand soin doit être de ne pas faire gagner à ces partis leur gageure. La gageure des partis extrêmes est qu'ils l'empêcheront de rester dans les voies de la liberté, qu'ils le forceront à donner dans l'arbitraire. Sa tâche à lui doit être de les faire mentir, de leur prouver qu'il n'a besoin que du droit commun pour les vaincre. Il ne peut, à cet égard, veiller sur lui-même avec trop d'attention.

Les mesures préventives, qui diminuent quelquefois l'action extérieure des partis, ont presque toujours le double inconvénient de donner un surcroît d'activité à leur travail souterrain, et d'affaiblir beaucoup la résistance que leur oppose la raison publique, tant qu'on leur laisse le soin de la tenir en éveil. Or, ceci surtout est un grand mal. Le gouvernement doit compter au nombre de ses plus grands et de ses meilleurs moyens de défense, la réaction naturelle qui s'opère dans la portion saine de la société , contre les emportemens et les désordres de l'esprit de faction. Tout ce qui prévient cette réaction salutaire, tout ce qui tend à engourdir la société, à la dispenser de veiller sur elle-même et sur ses ennemis, retarde son éducation politique, et nuit gravement à l'autorité.

Les intentions, je le sais, ont été excellentes. On a voulu, en supprimant le colportage et le droit d'association, couper court à l'abus odieux qu'en faisaient les partis extrêmes, et n'être plus réduit à la nécessité cruelle de recourir aux répressions à main armée. Le but était des plus louables; mais était-il expédient pour l'atteindre, de sortir des règles du droit commun ? Donner des griefs plausibles à des partis déjà furieux, était-ce le moyen de n'avoir plus avec eux de querelles violentes ? Est-on toujours le maître d'ailleurs d'éluder ces déplorables conflits ? Le gouvernement doit se borner, tant qu'il peut, à livrer aux tribunaux les fauteurs de troubles; mais si, dans leur folle exaspération, ils veulent mesurer leurs forces aux siennes, est-ce une chose qu'il puisse éviter ? son devoir est d'accepter, quelque douloureux que cela puisse être, les duels qu'oseraient lui proposer les factions. Rien n'importe tant que de les bien convaincre de leur impuissance. Il les faut dégoûter à tout prix, surtout quand elles

ont été pourvues de moyens réguliers de défense,
de la manie furieuse qui les pousserait à chercher
dans l'emploi de la force brutale, le redressement
de leurs griefs vrais ou faux; mais on doit se bien
garder de fournir la moindre apparence de
raison, sinon de légalité, à leurs attaques.

Je confesse que le gouvernement ne me paraît
pas y avoir complétement réussi; il n'a peut-
être pas assez vu ce qu'il y avait d'insidieux dans
leur violence, et, dans un petit nombre d'occasions, il s'est laissé prendre au piége que leur
violence lui tendait : il s'est laissé pousser par
les excès auxquels il était en butte à l'emploi de
quelques moyens de défense peu réguliers. Cela
a été fâcheux, sans doute; d'autant plus fâcheux que ces moyens peu réguliers étaient
en même temps peu avantageux, et qu'ils
donnaient des armes contre lui sans ajouter véritablement à ses forces. Ce ne sont pas les lois
contre les crieurs publics et le droit d'association qui ont mis fin aux désordres dont la voie
publique était devenue le théâtre : c'est la répression vigoureuse dont ces désordres ont été
l'objet. Or, le gouvernement, pour exercer cette
répression, n'avait pas besoin de lois préventives; il lui suffisait de bonnes lois pénales et
d'une force suffisante pour assurer l'exécution
des jugemens rendus en vertu de ces lois. Il

pouvait arriver, il est vrai, qu'on n'obtînt des jugemens qu'avec peine et que la révolte n'éclatât, encouragée par les hésitations du jury; mais si la révolte éclatait, la résistance était permise, et le gouvernement, autorisé par ces agressions à faire usage de ses forces, trouvait dans ces agressions mêmes l'occasion de battre encore ses ennemis, de les bien convaincre encore une fois de leur impuissance, et de les forcer à se soumettre enfin à l'ordre légal. Il semble donc que la faiblesse présumée des tribunaux n'était pas encore pour lui une raison de recourir aux lois préventives.

Au reste, ses déviations du droit commun n'ont été, on en conviendra, que de bien petites erreurs, comparées aux écarts de ses adversaires; et quand des partis pourvus par les lois des moyens d'action les plus étendus se sont constamment jetés hors des voies régulières, il est assez étrange qu'ils viennent reprocher à l'autorité de n'avoir pas toujours su se renfermer rigoureusement dans les limites constitutionnelles.

Que présentent, d'ailleurs, de si grave les faits qu'il est permis de lui reprocher? Où est l'inventaire des spoliations qu'elle a commises? où sont ses listes de proscription? où sont les noms propres qui ont péri et les condamnés politiques dont la tête est tombée sous la hache du bour reau? Il n'est guère de gouvernemens qui n'aient marqué par de tels faits les commencemens de leur histoire; ceux qu'on reproche au nôtre sont d'un caractère moins odieux. On peut dire de plusieurs qu'ils avaient été provoqués par les sollicitations ou les exemples de ceux qui les lui reprochent. L'état de siége, qui a paru si inexcusable appliqué aux révoltés de Paris, avait été réclamé comme indispensable contre les révoltés de l'Ouest; la détention sans jugement de la duchesse de Berry avait été précédée de l'expulsion sans jugement du roi Charles X et de sa famille; et ce ne sont pas là les seules circonstances atténuantes des faits reprochés. Je ne sache pas que le fameux état de siége de Paris ait fait donner une chiquenaude à âme qui vive; s'il a été peu régulier de retenir quelques mois en chartre privée une princesse qui était venue allumer la guerre civile dans le royaume, et qu'on avait prise, pour ainsi dire, la torche à la main, on ne peut nier que cette mesure, à laquelle se sont mêlés d'ailleurs tant de ménagemens et d'égards, n'ait été un châtiment assez doux. La liberté des crieurs publics n'était que d'une importance fort secondaire; elle n'existait pas, et n'avait jamais été réclamée du temps de la restauration. Ce n'a pas été finalement par là nouvelle loi sur les associations que la liberté des associations a été détruite; elle l'était depuis long-temps par le Code pénal de l'empire, et les dispositions du Code à ce sujet avaient été maintenues sans réclamation, il y avait deux ans, dans le Code pénal refondu.

Restent les poursuites exercées devant le jury contre la presse, et qui, à force de se multiplier, auraient pris, a-t-on dit, un caractère de persécution. Mais, en vérité, ce qui pourrait bien plutôt passer pour une persécution, c'est l'acharnement des partis à diffamer le gouvernement et à soulever contre lui les passions grossières; c'est la violence et la multiplicité des outrages qui laissent bien loin derrière elles le nombre et la gravité des châtimens. Aussi faut-il dire que si l'action du gouvernement contre les partis a cessé d'être, en un petit nombre d'occasions, suffisamment régulière, il serait beaucoup plus difficile d'établir qu'elle a été d'une rigueur excessive.

Je serais fâché, je l'avoue, qu'il se fût montré par trop ombrageux; le dévergondage de paroles que je signale lui a moins nui qu'on ne serait porté à le penser. Il y a du vrai dans l'observation que la presse anarchique fait sa police elle-même et qu'elle se corrige par son propre excès. Il serait difficile de dire combien ses excès font faire de réflexions salutaires, combien ils avertissent d'intérêts, combien ils lui suscitent de résistances, combien ils soulèvent contre elle de bonnes et honorables passions. Une presse décidément injuste et factieuse ne permet à personne de demeurer indifférent; elle rallie les amis de l'ordre, elle les excite et les fortifie, elle leur donne en même temps de l'expérience, elle leur rend familières les manœuvres des partis, elle les accoutume à leurs cris et à leurs violences, elle leur apprend à les considérer de sang-froid. Je suis convaincu que les excès de la presse hostile ont plus contribué, depuis quatre ans, à avancer l'éducation politique de la majorité que n'ont pu le faire les réflexions les plus sages de la presse amie du gouvernement.

Cependant cette éducation est chère, il faut en convenir, et quelque instruction que le pays puisse tirer des désordres de la presse, il n'en est pas moins certain que ces désordres doivent être réprimés. Il est même impossible qu'ils ne le soient pas d'une façon ou d'une autre; car un gouvernement qui néglige trop de punir les injures de ses adversaires finit presque toujours par être obligé de châtier leurs actions. De la licence de mal dire à la tentation de mal faire il n'y a ordinairement pas loin : une faction qui ne se sent pas arrêtée dans ses attaques en paroles se persuade aisément qu'elle peut traduire ses paroles en fait, et il n'est pas rare que, pour avoir dédaigné de réprimer la hardiesse de ses propos, on soit conduit à punir cruellement ses entreprises.

D'ailleurs, quand il n'en serait pas ainsi, quand les partis hostiles auraient acquis de l'expérience, quand ils auraient appris à leurs dépens que la licence des discours n'implique pas toujours celle des actes, et que, pour oser tout dire, il ne s'en suit pas qu'ils peuvent tout entreprendre; quand leurs plus vives injures se seraient émoussées, quand leurs paroles les plus séditieuses n'auraient plus la puissance d'exciter aucune émotion, quand enfin il n'y aurait presque plus rien à redouter de la violence de leur langage, serait-ce une raison suffisante pour que cette violence fût tolérée? Il y a quelque chose d'immoral à permettre que les partis hostiles se dédommagent de leur impuissance par la manifestation de leur haine, et, ne pouvant détruire le gouvernement, se donnent la satisfaction de l'insulter; cette satisfaction est un plaisir honteux et stérile qui devrait, ce semble, ne pas être souffert alors même qu'il est sans danger. Il serait sans danger aussi, j'en suis convaincu, d'étaler aux regards des personnes honnêtes de dégoûtantes obscénités. Souffrirait-on néanmoins qu'on pût les contraindre à en supporter la vue? Pourquoi donc souffrir davantage que la majorité soit obligée de supporter le spectacle des outrages qu'on adresse au gouvernement de son choix ? Pourquoi permettre aux partis hostiles de lui infliger chaque jour cette torture morale, et de la blesser sans ménagement et sans relâche dans l'objet de ses affections ? Les partis eux-mêmes retirent-ils quelque fruit de ces injures, et ne serait-ce pas les servir que de les forcer à se respecter davantage, en parlant avec quelque respect de ce qu'ils n'ont pas la puissance d'anéantir ? Je conçois que le gouvernement n'use, à cet égard, de ses pouvoirs qu'avec une grande réserve, et que, pour mieux assurer la liberté de la discussion, il souffre habituellement que la liberté de la discussion aille jusqu'à la liberté de l'insulte ; mais loin qu'à cet égard il ait épuisé son droit, bien des gens doutent qu'il ait fait tout son devoir, et je ne suis pas surpris que des hommes très éclairés et de très bonne foi trouvent qu'il y a eu fréquemment déni de justice à l'ordre public, et que l'intervention du jury et des tribunaux n'a pas été suffisamment réprimante.

En somme, on peut dire que la défense du gouvernement contre ses ennemis, encore bien que tous les actes n'en aient pas été également réguliers et qu'elle ait plusieurs fois été contrainte à se montrer sévère, a été marquée, dans

son ensemble, par un caractère de modération
et de régularité dont l'histoire des précédens établissemens politiques n'avait pas offert d'exemple, et que c'est ici surtout que les progrès ont
été grands et que le gouvernement s'est placé
en avant des idées et des habitudes dominantes.

Politique extérieure.

Parce qu'il n'y a eu, de la part du gouvernement ni pays envahi, ni pays révolutionné, ses
adversaires ont crié sur les toits qu'il n'y avait
ni intelligence, ni vigueur dans sa politique extérieure, et que, de ce côté, nous n'avions fait
aucun progrès.

Il faut dire, au contraire, que la plus haute
marque d'intelligence et de vigueur qu'ait donnée
le gouvernement, au milieu d'un pays ardent
et sensible à la gloire comme le nôtre, et après
une révolution qui avait mis tant de jeunes têtes
en feu, a été de prendre la résolution *immuable*
de ne menacer, de ne troubler aucun pays; et
que c'est par ce côté surtout que sa politique a
été progressive.

D'abord cette politique-là était celle qui ren-
trait le mieux dans le véritable esprit de la révolution, du moins de la révolution telle que
l'avait conçue la portion du pays dans les mains

de qui la direction en est tombée dès qu'elle a été faite.

J'ignore quels projets avaient pu former les auteurs du drame dont on avait vu des scènes à Béfort, à Colmar, à la Rochelle, à Paris. Peut-être ces politiques aventureux, dont les tristes essais n'avaient jamais eu pour résultat que de faire couler, sans fruit pour la liberté, ou plutôt au grand détriment de la liberté, le sang de nobles victimes, avaient-ils rêvé, long-temps à l'avance, la destruction des traités de Vienne, et la rapide invasion des idées révolutionnaires dans tous les États du continent; peut-être étaient-ils préoccupés des mêmes pensées dans les rues de Paris et sous le feu de la garde royale, pendant les journées de Juillet; mais ce qu'il y a de certain c'est que toute cette population moyenne qui les soutenait alors, et dont le concours universel assura le triomphe de la bonne cause, ne portait pas ses vues si loin; elle résistait à une agression coupable, sans trop prévoir quelle serait l'issue du combat, mais sans songer assurément, si elle était victorieuse, à devenir à son tour agressive contre des gouvernemens étrangers qu'elle n'avait aucune raison de croire complices de l'attentat de son propre gouvernement.

Sans doute si ces gouvernemens avaient eu l'injustice et l'imprudence de se montrer contraires à une révolution si légitime et si pure d'excès, le besoin de la défense aurait fort bien pu porter le nouveau gouvernement français à propager hors du royaume les idées qui avaient fait triompher la révolution à Paris; mais du moment qu'il a pu croire que les gouvernemens étrangers ne nourrissaient contre la France de Juillet aucune pensée sérieusement hostile, il a dû montrer, par une modération et une loyauté invariables, qu'il ne voulait rien faire qui pût susciter des embarras aux gouvernemens étrangers.

Et quelle conduite, en effet, pouvait-il adopter qui fût non seulement plus honorable mais aussi plus intelligente? Y avait-il, au vrai, une meilleure manière de servir la liberté? N'était-il pas sage, au lieu de songer à la propager plus loin, d'employer toutes ses forces à l'affermir sur sa base, à la bien établir sur le sol où elle avait pris naissance il y avait quarante ans, et où elle n'avait eu encore qu'une existence contestée? Eût-il mieux valu, en travaillant précipitamment à l'étendre, risquer de la compromettre partout et pour long-temps?

La France aurait réservé d'abord toute la chaleur de ses affections et toute l'énergie de ses facultés pour la liberté française, si nécessaire à celle du monde; elle aurait recommandé le plus

grand calme aux autres peuples du continent ;
elle les aurait avertis en termes affectueux mais
sévères qu'elle ne voulait assumer sur elle la res-
ponsabilité d'aucune révolution, autre que la
sienne propre, qu'elle n'aurait fait que son devoir et montré qu'elle comprenait bien les intérêts de la liberté universelle.

Peut-on dire néanmoins qu'elle ait concentré
sur elle-même toutes ses pensées? N'est-ce rien
que d'avoir pris en quelque façon sous sa tutelle
les États du continent dont elle est immédiatement entourée et d'avoir posé en principe qu'en
cas de révolution elle n'y souffrirait point d'intervention étrangère? N'est-ce rien que d'avoir,
en conséquence de cet engagement pris avec
elle-même, affranchi deux fois la Belgique?
N'est-ce absolument rien que d'avoir donné des
marques ostensibles de sa sympathie pour les
changemens politiques opérés en Suisse, en Es-
pagne et en Portugal? N'est-ce rien que d'avoir
offert un refuge et des subsides aux victimes de
révolutions prématurément tentées dans des pays
éloignés dont elle est séparée par des États inter-
médiaires? N'est-ce rien que la prise d'Ancône
et l'opposition mise à une seconde intervention
armée de l'Autriche dans la politique intérieure
des États Romains? N'est-ce rien que d'avoir,
en signalant le péril imminent des bouleverse-

mens politiques, provoqué au loin et de plusieurs côtés d'utiles réformes administratives? Loin que la France n'ait rien fait pour la liberté des autres peuples, est-il certain qu'elle n'a fait que ce qu'elle pouvait faire et appuyé que ce qui était vraiment digne de sa protection et de son appui!

Et que signifie cette autre plainte d'avoir accepté les arrangemens de territoire accomplis à une autre époque, et de n'avoir rien fait pour rendre à la France, dans l'intérieur de ce qu'on appelle ses limites naturelles, une partie des territoires qu'elle avait possédés? La nation française est sûrement une grande nation; mais le pays qui la porte ne laisse pas d'être lui-même un assez beau piédestal. Elle peut s'y montrer avec assez de gloire. Il y a là de l'espace pour son intelligence et son industrie. C'est là qu'elle doit concentrer ses forces au lieu de songer à les répandre. Quoiqu'il y ait déjà des travaux faits, il y reste, disons-le, encore plus de travaux à faire. Les entrailles de cette terre, fécondées comme elles mériteraient de l'être, nourriraient aisément une population double et triple de celle qu'elles ont enfantée.

C'est une passion bien singulière, en vérité, que celle qui nous pousse à souhaiter des agrandissemens de territoire. Je ne crois pas qu'il nous fût

possible de former un désir plus creux et moins
intelligent. Voyons, en effet, ce qu'il y a au fond
de cette convoitise et ce que nous pourrions gagner à acquérir plus d'espace. Un peuple est-il
fort en raison de l'étendue de son territoire, ou
en raison de ce qu'il y a, sur ce territoire, de
population ramassée, unie, riche, éclairée, vigoureuse ? La nation anglaise manque-t-elle de
force sur un sol qui est loin d'égaler le nôtre en
superficie ? Quand nous aurions recouvré la Belgique et les anciens départemens de la rive gauche
du Rhin, quelqu'un de nous aurait-il dans son
patrimoine un pouce de terrain de plus ? Quelqu'un verrait-il son capital ou son revenu s'accroître ? Les impôts qu'on lèverait sur ces nouveaux territoires ne devraient-ils pas être et ne
seraient-ils pas absorbés par les dépenses nécessaires à leur administration ? Si ces acquisitions
mettaient à la disposition du gouvernement un
certain nombre de nouveaux offices, n'y aurait-il
dans le pays personne pour les remplir ? Ces
pays, dont la possession même paisible, n'ac-
croîtrait chez nous l'aisance de personne, ne
coûteraient-ils pas énormément à conquérir et
à conserver ? Que gagnerions-nous donc à de
telles conquêtes si ce n'est la vaine gloire de
voir le nom de France imposé à quelques milliers d'arpens de terrain de plus ? Il y aurait,

dit-on, cet avantage que nos institutions politiques, étendues à plus de pays, auraient moins de peine à se défendre. Et si ces pays ne voulaient pas de nos institutions deviendraient-ils pour elles un bien solide appui? Est-il d'ailleurs besoin d'envahir un pays pour lui faire aimer nos idées et le rendre favorable à notre système politique? La Belgique, pour n'être point française, est-elle moins constitutionnelle, et ne l'avons-nous pas mieux engagée dans notre cause en la défendant avec désintéressement, en respectant loyalement son indépendance, que nous n'eussions fait en étendant sur elle notre domination?

Convenons donc qu'il n'y a rien que de périlleux et de puéril dans le sentiment de vaine gloire qui nous pousserait à nous agrandir, et que le gouvernement a fait preuve de force et d'habileté en résistant de ce côté comme de l'autre à l'entraînement des passions populaires.

Ce qui importe à la nation française, c'est de se faire, autant que possible, des amis partout, et en particulier autour d'elle; c'est d'être entourée de peuples à qui elle ait su faire aimer ses idées, qui sentent le besoin de s'appuyer sur elle, sur qui elle se sente fermement appuyée; et, pour cela, il ne s'agit pour elle ni de les révolutionner, ni d'étendre sa domination sur leur

territoire; son plus grand soin, au contraire,
doit être de respecter leur indépendance, et d'é-
viter de compromettre le peu qu'ils ont de liberté en fomentant trop vivement chez eux l'esprit de réforme. C'est ce qu'a fait le gouvernement,
et en agissant de la sorte il a sagement et puissamment agi.

Je ne pousse pas plus loin cette revue des principaux objets auxquels le gouvernement a fait
l'application de ses méthodes, et sur lesquels il
peut être intéressant d'examiner s'il est resté en
arrière ou s'il s'est placé en avant du pays. En
voilà assez pour établir, je pense, qu'il n'est ni
rétrograde ni arriéré, et que si ses procédés sont
intelligens, l'emploi qu'il en a fait n'a pas manqué non plus de discernement et de lumières.
J'aurais voulu, après avoir examiné sa conduite
politiquement, la considérer sous le point de vue
économique; mais ce sujet m'aurait mené beaucoup trop loin. Je me bornerai à traiter une
seule question, celle des classes ouvrières; mais
quelle est celle qui peut égaler celle-ci en importance et en intérêt? Elle va faire l'objet de la
dernière section de ce mémoire.

SECTION IV.

SI LE GOUVERNEMENT A FAIT POUR LES CLASSES LABORIEUSES
CE QU'IL ÉTAIT EN SON POUVOIR ET DANS SON DEVOIR DE
FAIRE.

IL est des gens d'un naturel exclusif qui ne pardonnent pas au soleil de luire pour tout le monde; qui prennent un plaisir en dégoût dès que le commun des hommes peut en jouir; pour qui les jouissances privilégiées sont les seuls plaisirs véritables.

Je n'ai pas le malheur d'être fait ainsi : le bien-être dont je jouis est loin d'être accru par les privations que d'autres endurent; quand la richesse, la beauté, la vertu, seraient plus communes, elles ne perdraient à mes yeux rien de leur prix. Quoi de plus attrayant et de plus doux que de vivre au milieu d'une population saine, belle, intelligente, morale, aisée, heureuse, animée? Quoi de plus triste, même, je le suppose, au sein de l'opulence, que d'être entouré d'une foule indigente, maladive, grossière, vicieuse, hideuse à voir? Je voudrais que tous les individus de notre espèce fussent beaux; je voudrais que l'aisance, que l'éducation, fussent universelles.

Mais quels seraient les moyens d'étendre à beaucoup d'hommes, à l'universalité des hommes, des biens qui ne sont encore le partage que de quelques uns? Comment sort-on de la misère? Comment les familles indigentes et malheureuses parviennent-elles à s'arracher à leur état de dénuement et de malheur? Comment, d'un état moins douloureux, peuvent-elles parvenir à une condition meilleure encore? Comment arrive-t-on de l'absolue pauvreté à la possibilité de vivre; de la possibilité de vivre à la vie aisée; de l'aisance à la fortune? Que peut enfin le gouvernement sur tout cela?

La solution de ces questions serait d'un intérêt d'autant plus pressant, que les classes les moins fortunées et les plus nombreuses sont, en beaucoup de lieux, dans un état moral plus inquiétant; qu'on les a plus trompées sur la cause de leur détresse, sur les moyens qu'elles auraient d'en sortir, et que les erreurs où on les a entraînées, et les illusions dont on les berce, ont allumé chez elles plus de passions et peuvent les pousser à des excès plus déplorables.

Les expédiens qu'on a imaginés pour améliorer le sort des classes les moins heureuses de la société sont innombrables. Je vais réunir les plus importans sous un petit nombre de chefs.

Un des derniers qu'on a proposés serait d'étendre à tous les citoyens le droit de suffrage politique, et d'établir le vote universel.

Un autre serait de changer l'organisation générale de l'industrie, de substituer l'*association* à la *concurrence*, et le travail en commun au travail par entreprises distinctes et séparées.

Un troisième, dont les classes ouvrières ont déjà fait de fréquens essais, consiste dans les coalitions que forment souvent les individus de ces classes pour faire hausser le prix du travail.

Un quatrième, auquel les gouvernemens ont recours partout, gît dans la charité légale sous toutes ses formes, et dans cette diversité de secours publics institués sous les dénominations de taxes pour les pauvres, d'ateliers de charité, d'écoles gratuites, de dépôts de mendicité, d'hospice de toutes sortes.

Un cinquième serait de faire disparaître des diverses branches de la législation, et notamment de la législation industrielle, financière et pénale, tout ce qui peut aggraver le sort des classes laborieuses, ou rendre plus difficiles et moins fructueux les efforts qu'elles ont à faire pour arriver à une meilleure condition.

Enfin un sixième et dernier moyen consisterait dans une pratique soutenue, de la part de ces classes, du travail et de l'épargne, et dans un usage prudent et modéré des forces reproductives de la population.

Je vais examiner aussi succinctement et aussi clairement qu'il dépendra de moi, comment on entend que chacun de ces expédiens pourrait servir, et ce qu'on pourrait raisonnablement en attendre. Je n'aurai pas, je pense, beaucoup à insister sur ceux des quatre premières classes, *le vote universel, — une nouvelle organisation de l'industrie, — les coalitions d'ouvriers, — la charité légale.* Je voudrais pouvoir m'arrêter davantage sur ceux de la cinquième, *les changemens à faire subir à la législation dans l'intérêt des ouvriers ;* enfin, je tâcherai surtout de montrer ce qu'on pourrait attendre des ouvriers eux-mêmes, de leurs efforts laborieux, de leurs dispositions à l'épargne, et notamment d'un usage plus réservé du principe de la population : derniers moyens qui sont placés près d'eux, dont ils peuvent user à toute heure, et qui sont les seuls dont l'emploi puisse produire un changement sensible dans leur condition. Il sera aisé, au bout de cet examen, de voir ce que le gouvernement avait à faire, et d'apprécier ce qu'il a fait.

Ceux qui proposent comme moyens d'améliorer le sort des classes laborieuses, l'établissement du vote universel, ne regardent pas le droit de suffrage, on le pense bien, comme un moyen de créer de la richesse; mais ils pensent que ce droit, en faisant passer dans les mains de ces classes l'exercice de la souveraineté politique, leur permettrait d'amener, dans le régime de la propriété, des changemens tels que leur condition en serait infailliblement améliorée. Ils posent en effet, en principe, que tout ce que les particuliers possèdent de biens, dépend de la société prise en masse; et que la société collective, mère et tutrice de tous ses membres, doit assurer l'existence et l'éducation de chacun, procurer du travail aux valides, des moyens de vivre à ceux qui ne peuvent travailler, et ne garantir à ceux à qui elle laisse quelque bien, qu'une partie de ce qu'ils possèdent; car le droit de vivre, qui est commun à tous, prime, disent-ils, celui que chacun a de disposer de sa chose, et la loi peut enlever le superflu à qui a trop, pour donner à qui n'a pas assez le nécessaire.

Voilà en quel sens on entend que l'établissement du vote universel pourrait améliorer le sort des nécessiteux. Cet expédient, réduit à son expression la plus simple, consisterait à faire passer le pouvoir politique dans les mains des classes les plus nombreuses et les moins fortunées, et à supposer la société, ainsi personnifiée, maîtresse absolue de toutes choses, et disposant de tout selon le plus grand bien de chacun.

Je me bornerai, sur ce premier moyen, au petit nombre d'observations qui suivent :

Premièrement, la société, prise en masse, n'a aucun droit sur les biens de ses membres, considérés en particulier. On ne voit pas ce qu'elle pourrait prétendre sur des richesses qui ne sont pas son ouvrage, et à quel titre, elle, qui ne les a pas faites, oserait les disputer à ceux qui les ont créées.

En second lieu, si la société n'est pas la maîtresse des biens de ceux de ses membres qui possèdent quelque chose, elle n'est pas l'obligée de ceux qui ne possèdent rien. La société, la personne publique, ne doit, comme les personnes particulières, que l'équivalent de ce qu'elle a reçu ; et quand les classes nécessiteuses payent à peine pour être protégées, on ne voit pas à quel titre elles pourraient demander encore d'être élevées et nourries.

Dira-t-on que la situation de ces classes est l'ouvrage de la société, et qu'une réparation leur est due ? Comment en établir la preuve ? Il a sans doute été commis dans le monde bien des iniquités ; il en a été commis dans tous les temps, dans toutes les professions, dans toutes les classes. Rien ne serait, pour le présent et pour l'avenir, si désirable que de voir disparaître toute injustice des relations des hommes et de leurs moyens de s'enrichir; mais qui oserait parler de revenir sur le passé? Où est la puissance qui serait capable de discerner ce qui est bien ou mal entré dans chaque fortune particulière, de faire une liquidation équitable des affaires générales de la société, et de dire à chaque famille : Voilà, juste, dans la masse des richesses que le travail a créées sur notre sol depuis quatorze siècles, la part qui doit vous revenir? L'entreprise d'une telle liquidation ne serait-elle pas le dernier degré de la stupidité et de la démence? Les résultats ne seraient-ils pas de faire, en fin de compte, que tout se trouvât encore plus mal réparti? Croit-on d'ailleurs, s'il était possible de la conduire à bonne fin, qu'elle amenât une répartition des richesses sociales très différente de ce qui est? Est-il bien sûr que ceux qui possèdent quelque chose eussent une soulte à payer à ceux qui n'ont rien? N'y a-t-il pas de bonnes raisons de croire que les familles malheureuses doivent, en général, imputer à elles-mêmes ou à leurs auteurs, une grande partie de leurs infortunes? Serait-il bien difficile de montrer des milliers d'hommes qui, par leur paresse, leurs désordres, et surtout par l'abus criminel qu'ils font des forces reproductives de l'espèce, travaillent comme à plaisir à aggraver leur propre malheur, à étendre leur misère sur une plus vaste surface? et pense-t-on que la société doive quelques réparations à des classes qui sont la plus triste et la plus lourde de ses charges?

Ceux qui disent que la société doit aux gens nécessiteux *du travail, du pain, l'instruction,* en parlent d'ailleurs fort à leur aise. Croit-on qu'offrir du travail, un travail fructueux et qui se renouvelle, soit une chose si aisée? Est-ce la mission de la société de former des entreprises industrielles, et d'imaginer des travaux productifs pour ceux qui n'en savent pas trouver? Une telle chose est-elle en sa puissance? Est-il davantage en son pouvoir d'offrir du pain à quiconque n'en a point, et de nourrir, d'élever autant de malheureux qu'il pourra convenir aux classes les plus misérables d'en faire naître?

La société doit à tout le monde justice et protection ; elle ne doit à personne *des entreprises lucratives, une éducation, du pain à défaut de travail.* La société, prise collectivement, n'a pas de fonds qui lui soient propres ; elle ne peut donner aux uns qu'en prenant à d'autres, et lorsqu'elle veut se mêler de distribuer les ressources générales, autrement qu'elles ne se distribuent naturellement, il arrive presque toujours qu'elle fait du mal; qu'elle déchausse les bonnes plantes pour faire croître la mauvaise herbe; qu'elle dépouille des familles saines, qui n'avaient besoin, pour se soutenir, du secours de personne, pour soutenir des familles faibles ou vicieuses qui sont loin d'être au même degré dignes de son intérêt.

Enfin, loin qu'il y eût plus d'infortunes secourues, et une plus grande masse de population heureuse là où la société oserait toucher aux fortunes particulières, et voudrait se charger de pourvoir au sort de chacun, il est indubitable qu'on y verrait toutes les ressources diminuer, le nombre des malheureux s'accroître, et la population rapidement décliner.

Convenons donc que l'appel des classes laborieuses à l'exercice de la souveraineté politique, avec l'intention de leur attribuer une sorte de pouvoir absolu sur la propriété, serait un détestable moyen d'améliorer leur sort. Le droit de suffrage pourra leur être utile quand elles seront assez avancées pour l'exercer dans un esprit de conservation; mais considéré comme moyen de toucher à la propriété, il ne servirait qu'à rendre leur détresse incurable; car, moins elles possèdent, et plus elles ont besoin d'acquérir; et plus elles ont besoin d'acquérir, plus il leur importe que la propriété soit inviolablement respectée.

Pourrait-on mieux attendre, pour l'amélioration de leur état, du grand changement qu'on
voudrait introduire dans l'organisation de l'industrie, c'est-à-dire de la substitution du travail
en commun au travail isolé, et de l'association
à la concurrence?

Pour pouvoir faire à cette question une réponse un peu précise, il faudrait savoir exactement quels seraient les genres de rivalité qu'on
voudrait détruire, et les modes d'associations
qu'on proposerait d'établir.

On a vu dans quelques grands établissemens
d'industrie, les chefs d'entreprise stimuler très
utilement l'intelligence et l'activité des ouvriers
en leur offrant une part raisonnable dans les
bénéfices qu'un surcroît de travail ou de savoir-
faire de leur part parviendrait à réaliser. Un
habile professeur du Conservatoire des Arts et
Métiers de Paris, M. Clément Désormes, dans
un écrit excellent sur l'impôt du sel, en citait
dernièrement quelques exemples, et expliquait
notamment comment la manufacture des glaces
de Saint-Gobin avait pu appeler une centaine de
ses ouvriers au partage, dans de justes proportions, de certains bénéfices, en les excitant à
mieux exécuter de certains travaux, à faire plus
d'ouvrage, ou à exécuter leur ouvrage avec une
moindre dépense de matière première. M. Clé-

ment racontait aussi comment, dans le Corn-
wal, les propriétaires de mines avaient su,
depuis long-temps, intéresser leurs ouvriers à
mieux travailler, en les associant équitablement
à leurs profits. Il paraîtrait qu'il se pratique
quelque chose de semblable dans de grands établissemens industriels de l'Alsace.

Il se peut donc qu'il y ait des manières d'associer les ouvriers aux bénéfices des maîtres, sans
se rendre coupable envers ceux-ci d'aucune injustice. Mais il est infiniment plus facile encore
de tomber à cet égard dans l'extravagance et la
tyrannie.

« Messieurs les entrepreneurs, associez-vous;
« réunissez plusieurs entreprises en une seule :
« vous réduirez ainsi vos frais généraux de pro-
« duction, et vous pourrez, sans augmenter le
« prix de vos produits, payer à vos ouvriers de
« plus gros salaires. Vos ouvriers s'écrasent par
« la concurrence : au lieu de leur payer la main-
« d'œuvre au prix où la concurrence la fait
« naturellement tomber, associez-les à vos spé-
« culations, et faites-les entrer dans le partage
« de vos bénéfices. » Voilà quel langage on tient
aux entrepreneurs.

Nul doute qu'il n'y ait, pour les chefs d'entreprises, avantage à réduire leurs frais généraux, et par conséquent à s'associer lorsqu'ils se

conviennent, et qu'ils le peuvent commodément. Aussi, en de telles occasions, ne manquent-ils pas probablement de le faire. Mais, outre que ces occasions ne sont pas communes, on ne voit pas pourquoi, lorsqu'elles se présentent, et que deux ou plusieurs entrepreneurs se réunissent, ces entrepreneurs seraient obligés de faire tourner au profit de leurs ouvriers l'épargne résultant de leur association, et de leur payer la main-d'œuvre au-dessus de sa vraie valeur.

Les ouvriers s'écrasent par la concurrence ! Est-ce la faute des entrepreneurs, et dépend-il toujours de ceux-ci, quand ils le voudraient, de payer la main-d'œuvre au-dessus du prix où la concurrence la fait tomber ? Est-il possible de la payer cher dans un lieu quand elle est à bas prix dans un autre, et qu'on n'a aucun moyen de compenser ce désavantage ? On le peut en perdant, il est vrai ; mais est-il possible, même à ne considérer que l'intérêt des ouvriers, de consentir à perdre ? L'entrepreneur le plus riche y pourrait-il consentir long-temps sans manquer, et le sort des ouvriers est-il meilleur quand l'entrepreneur a fait faillite ?

D'ailleurs, si la concurrence nuit aux ouvriers, c'est qu'apparemment ils sont trop nombreux. Il faudrait donc, pour que le travail en commun devînt, pour la classe ouvrière, une ressource vraiment efficace, qu'il permît aux chefs d'entreprises de donner davantage aux ouvriers, et, tout à la fois, de les occuper en plus grand nombre. Conçoit-on qu'un tel miracle fût possible au système de travail par association ?

A quel titre, d'ailleurs, voudrait-on que les ouvriers, sans faire un surcroît d'ouvrage, fussent associés, autrement qu'ils ne le sont, aux profits des entrepreneurs? Quand un ouvrier reçoit de sa main-d'œuvre ce qu'elle vaut sur la place où il travaille, au prix où la concurrence la peut faire monter, il reçoit tout ce qu'il doit recevoir, et se trouve associé aux bénéfices de l'entrepreneur, autant que, légitimement, il ait droit de l'être. Pourquoi recevrait-il, de ces bénéfices, des parts afférentes à une industrie qui n'est pas la sienne, à des loyers de bâtimens et de machines qu'il n'a pas payés, à des capitaux qu'il n'a pas fournis, à des risques qu'il n'a pas courus? Et pourquoi ces parts ne resteraient-elles pas tout entières à celui qui a couru tous les risques et fait toutes les avances ?

Ensuite, dans cette communauté des maîtres, contre-maîtres et ouvriers, comment se feraient les partages ? La part de chacun serait-elle exactement proportionnée à la valeur de son apport en capital, en risques, en industrie, en travail? Le résultat ne différerait point de ce qui existe, car, dans ce qui existe, l'ouvrier, qui n'apporte que son travail, en reçoit ce qu'il vaut réellement sur la place. Au contraire, chacun participerait-il aux profits par portions égales ou en proportion de ses besoins? je demande ce que deviendrait alors la justice, et avec la justice, l'émulation?

Il tombe sous le sens que le résultat le plus général d'un système d'association où tout le monde serait également traité, où il ne serait pas tenu compte de la différence du travail, des risques, des avances, serait de diminuer la somme générale des efforts, et partant celle des produits. De sorte que, dans le temps où le partage en serait réellement moins équitable, la masse en serait fort amoindrie, et par suite il y aurait plus de souffrance, une moindre population pourrait exister.

Ce n'est donc pas encore dans le système de *l'association*, substitué à celui de la *concurrence*, que la population nécessiteuse peut trouver un remède à ses maux.

Peut-on mieux attendre pour elle, des coalitions destinées à faire hausser le prix du travail? Je reconnais, sans difficulté, que des ouvriers, en quelque nombre qu'ils soient, qui ne veulent pas travailler au prix qui leur est offert, doivent pouvoir refuser l'ouvrage, et j'ajoute que lorsque la main-d'œuvre n'est réellement pas à sa vraie valeur, ce refus, fait sans nulle violence, et par un grand nombre d'ouvriers à la fois, peut avoir pour résultat de rétablir les choses, et de les mettre sur le pied où la justice veut qu'elles soient.

Mais, en convenant que les coalitions peuvent avoir de bons effets, lorsque l'objet en est vraiment juste, c'est-à-dire lorsque l'ouvrage n'est pas, et que les chefs d'entreprise refusent de le porter à sa juste valeur, je dois dire qu'employées par les ouvriers comme un moyen d'arrêter les effets de la concurrence, d'empêcher que la main-d'œuvre ne suive le cours du marché, et en général comme un moyen d'avancer leurs affaires, et de faire hausser indûment le prix du travail, elles ne peuvent et ne doivent avoir pour eux que des effets ruineux ou vains : ruineux, si, pour réussir, ils emploient la violence, et vains s'ils s'en tiennent à la force d'inertie.

Comment la société pourrait-elle tolérer, en effet, que des ouvriers se portassent à des excès contre leurs maîtres, pour les forcer à payer l'ouvrage plus qu'ils n'en veulent donner, ou contre leurs camarades, pour leur défendre de se contenter du prix qu'on leur offre, et qu'ils seraient disposés à recevoir? Que peut-on imaginer de plus tyrannique que de telles entreprises, et comment serait-il possible qu'elles n'eussent pas pour effet d'attirer sur leurs auteurs le châtiment et la destruction?

D'un autre côté, si les ouvriers coalisés pour faire hausser indûment le prix du travail, s'abstiennent de toute violence, que peuvent-ils raisonnablement espérer de leur coalition? S'ils sont maîtres de refuser l'ouvrage, les entrepreneurs ne le sont-ils pas de s'en passer? et ceux-ci n'ont-ils pas, pour lasser la patience des ouvriers, autant de moyens que les ouvriers pour lasser la patience des maîtres? Il est peu de maîtres, comme on l'a fort bien observé, qui ne pussent vivre plusieurs mois, plusieurs années même, sans employer un seul ouvrier, tandis qu'il est peu d'ouvriers qui pussent, sans être réduits aux dernières extrémités, passer plusieurs semaines sans ouvrage. La force d'inertie ne peut donc pas, mieux que la violence, assurer le succès des coalitions que pourraient former les classes ouvrières pour faire hausser indûment le prix du travail.

Ces vérités, du reste, fondées sur la nature même des choses, et consacrées par l'expérience de tous les temps, l'ont été avec une force particulière par quelques événemens de ces dernières années, et notamment par ce qui s'est passé dans la seconde ville du royaume. Les classes ouvrières de Lyon, liguées pour donner un cours forcé à la main-d'œuvre, ont tenté de faire réussir leurs prétentions en 1831 par la violence, et en 1834 par la force d'inertie ; on sait ce que l'entreprise leur a valu sous ces deux formes : sous la première, d'affreux malheurs sans nulle compensation, et, sous la seconde, la perte, pour cinquante mille ouvriers, de quinze jours de main-d'œuvre.

« Il arrive quelquefois aux ouvriers, écrivais-je il y a six ans, de chercher à balancer le désavantage de leur position en se coalisant pour obtenir de meilleurs gages. Ces entreprises, criminelles lorsqu'ils emploient la violence pour les faire réussir, leur sont nuisibles, alors même qu'elles sont innocentes, si leur travail est au prix où la concurrence peut naturellement le porter. Les ouvriers sont fondés à se plaindre toutes les fois qu'ils ne peuvent disposer de leur activité sans contrainte, louer leurs services au plus offrant, chercher la condition la meilleure. Mais du moment que rien ne gêne l'emploi de leurs forces, et que leur travail est au prix où peut le porter un libre marché, il n'y a plus pour eux que deux moyens légitimes de faire hausser le prix de la main-d'œuvre : faire qu'elle soit *moins offerte*, ou qu'elle soit *plus demandée*. Ce dernier moyen n'est guère à leur disposition ; mais ils disposent complétement de l'autre : s'ils ne peuvent augmenter la demande de l'ouvrage, ils peuvent au moins diminuer le nombre des ouvriers ; comme ils en fournissent la place, il dépend toujours d'eux d'en prévenir la trop grande multiplication, et il n'est pas de situation où il ne leur importe d'user de cette ressource. » (1)

On voit que les coalitions, impuissantes, quelque bas que puisse être le prix du travail, à le faire hausser quand il est à sa valeur véritable, ne peuvent être encore qu'un moyen très insuffisant d'améliorer la condition des ouvriers.

Voyons si l'on peut espérer mieux des secours de la bienfaisance.

———

Est-il au pouvoir de la bienfaisance publique et des divers systèmes de secours qu'elle a institués, d'arracher les dernières classes de la société à leur misère ? En faisant une réponse négative, je ne ferai qu'énoncer un des faits les mieux et les plus universellement constatés de toute l'éco-

———

(1) *Nouveau Traité d'Économie sociale*, T. I, ch. XII, p. 468, à la note.

nomie publique; et cette réponse négative aura seulement le tort de n'exprimer que la moitié de la vérité; car les secours publics de toute nature, qui ont indubitablement pour effet de procurer un soulagement momentané aux malheureux qui les reçoivent, n'ont pas seulement le tort de n'être qu'un palliatif, et de laisser subsister le mal auquel on les applique; mais ils ont celui d'être un palliatif dangereux, et d'étendre le mal au lieu d'en resserrer les limites.

Les effets que la taxe des pauvres a produits en Angleterre sont tellement connus qu'il serait à peu près inutile de s'arrêter à les signaler. Toutes les enquêtes faites depuis vingt ans en ce pays, sur la situation des classes inférieures, prouvent que la portion de ces classes qui a besoin de secours prend de continuels accroissemens. On a observé que, durant de certaines périodes, elle était la seule qui se fût accrue; et, par exemple, que de 1800 à 1814, l'accroissement de la population qu'il avait fallu admettre à participer aux secours des paroisses avait été égal à celui de la population totale. La taxe, qui était peu considérable sous le règne d'Élisabeth, et à l'époque où elle était venue remplacer les aumônes précédemment distribuées par les couvens, s'élevait à près de 20 millions de francs au commencement du dix-huitième siècle, et est égale maintenant à quinze ou dix-huit fois cette somme. La population nécessiteuse, dans un intervalle de cent quinze ans, s'est élevée du dixième au cinquième de la population totale. On a vu la taxe se quadrupler dans l'espace de quarante ans, et cette charge, de 1796 à 1815, croître dans la proportion de 17 à 81.

L'institution des hôpitaux a produit, en France, des effets analogues; il n'y a eu de différence que dans les proportions. Les hospices ont engendré moins de population misérable, parce que leurs ressources étaient limitées; qu'elles n'étaient pas, comme la taxe des pauvres, susceptibles de prendre une extension indéfinie; qu'il n'y avait heureusement pas d'hospices dans toutes les communes, comme il y a en Angleterre une taxe établie dans toutes les paroisses; que d'ailleurs l'admission dans les hôpitaux n'était pas de droit comme la participation à la taxe; et qu'enfin la participation aux secours donnés par les hôpitaux avait, indépendamment de la déconsidération qui s'y attache encore plus qu'à la participation à la taxe des pauvres, des inconvéniens qui lui sont propres, et notamment celui d'entraîner la privation de la liberté; et néanmoins, à mesure que les revenus des hôpitaux se sont accrus, et ils ont pris partout des accroissemens considérables, ils ont

eu à satisfaire à plus de besoins, et se sont trouvés toujours au-dessous des demandes qui leur
étaient faites. C'est un résultat que j'ai eu plus
d'une occasion de vérifier depuis le petit nombre
d'années que j'exerce des fonctions administratives. « Il n'est », m'écrivait, en 1831, la com-
mission administrative d'un hôpital très vaste et
très important, qui sentait le besoin d'agrandir
encore ses locaux, et qui me priait d'exciter en
sa faveur la libéralité du conseil général; « il
« n'est coin ni réduit, dans ce précieux établis-
« sement, où les malheureux, au mépris des
« lois sanitaires, ne soient pressés et entassés,
« pour ainsi dire, les uns sur les autres : plu-
« sieurs lits en contiennent deux et trois. Quel-
« que énorme qu'en soit la population (elle
« était de 500 personnes), la foule toujours
« croissante des individus qui sollicitent jour-
« nellement la faveur d'y être admis est in-
« croyable. » Il est probable qu'il en est un peu
ainsi partout; et un fait constant, c'est que la
population des hospices s'est sensiblement accrue; elle s'est accrue surtout dans les hospices
dépositaires d'enfans trouvés, et la charge que
l'établissement des tours fait peser sur les départemens devient, d'année en année, plus écra-
sante : c'est la remarque générale des préfets;
c'est la plainte de tous les conseils généraux.

Cette institution peut être considérée comme une excitation directe à la multiplication des naissances illégitimes et de la population misérable. Il ne faut, pour le juger ainsi, que voir quels en ont été les résultats. La population des enfans trouvés, en la composant seulement des enfans âgés de moins de douze ans, qui n'était que de 41 mille en 1784, s'est élevée successivement à 45, à 51, à 69, à 84, à 87, à 92, à 98, à 99, à 102, à 106, à 109, à 111, à 116, à 120 mille; elle était triplée en 1825, au bout de quarante et un ans; elle est aujourd'hui de plus de 130 mille. Je n'avais pas, dans le département de l'Allier, que j'ai administré deux ans, moins de 1,900 de ces enfans à faire élever pour le compte du département, et je ne dépensais pas annuellement, pour ce triste objet, moins de 100,000 francs, somme supérieure au tiers de toutes les dépenses départementales. Dans le département de la Somme, que j'administre actuellement, le chiffre de cette dépense, inférieur peut-être, eu égard à la population, est, en réalité, de quelque 30,000 francs plus considérable. C'est partout, dans les budgets départementaux, l'article de dépense le plus fort : il rendra bientôt, dans les départemens, tout projet d'améliorations impossible.

Les bureaux de bienfaisance ont des effets pareils à ceux que produisent les hôpitaux, et il serait dans leur nature, si leurs moyens étaient aussi grands, de contribuer davantage encore à l'accroissement de la population nécessiteuse; car leurs secours, distribués à domicile, sont moins humilians, et n'entraînent pas d'ailleurs la privation de la liberté. Une des expériences les plus constantes de l'administration, c'est qu'aussitôt qu'une commune a un revenu à consacrer au soulagement des pauvres, et peut fonder un bureau de secours, il s'établit chez elle des familles indigentes, si elle n'en a pas déjà d'attitrées, et que les familles secourues lui fournissent toujours, en quantité plus que suffisante, de la misère à secourir.

L'expérience a appris ce qu'on pouvait attendre, pour l'extirpation de la misère, de l'établissement des dépôts de mendicité, et l'on sait comme ils ont répondu aux magnifiques espérances du fondateur. Le 20 novembre 1807, l'empereur Napoléon écrivait, en style oriental, à son ministre de l'intérieur : « Monsieur Crétet, « je fais consister la gloire de mon règne à chan- « ger la face du territoire de mon empire. J'at- « tache également une grande importance et « une grande idée de gloire à *détruire la mendi-* « *cité.* Les fonds ne manquent pas; mais il me « semble que tout cela marche lentement, et

« cependant les années se passent. Il ne faut
« point passer sur cette terre sans laisser des
« traces qui recommandent notre mémoire à la
« postérité. Je vais m'absenter pour un mois ;
« faites qu'au 15 décembre vous soyez prêt sur
« toutes ces questions, que vous les ayez exami-
« nées en détail, et que je puisse, *par un décret*
« *général, porter le dernier coup à la mendi-*
« *cité.* N'allez pas me demander trois ou quatre
« mois encore pour recueillir des renseigne-
« mens. Il faut préparer tout pour qu'au retour
« de la belle saison la France présente le spec-
« tacle d'un pays sans mendians, et où toute la
« population soit en mouvement pour embel-
« lir et rendre productif notre immense terri-
« toire ! »

Cela était beau, mais difficile, difficile surtout
par le moyen dont parlait l'illustre empereur, qui
ne se doutait guère, il le faut avouer, des difficultés de l'entreprise. La mendicité ne se laisse
point détruire ainsi par un *décret*, pour si *général*
qu'il puisse être. Mais le faible du grand homme
était de croire qu'il pouvait tout avec des décrets et des gendarmes ; comme d'autres se persuadent qu'il n'est rien qu'on ne puisse avec
des insurrections et des déclarations de droits.
Le premier article de ce décret qui devait porter
le dernier coup à la mendicité fut ainsi conçu :

« La mendicité sera défendue dans tout le terri-
« toire français. » Et, comme sanction de cette
défense, des prisons furent instituées sous le
nom de dépôts de mendicité, où l'on devait en-
fermer tout individu qui serait surpris men-
diant. Il devait être créé de ces pénitentiaires de
la mendicité, de ces bagnes de l'indigence autant qu'il y avait de départemens. Le nombre
en fut beaucoup moindre; et néanmoins des
sommes considérables furent dépensées à en établir ou commencer une cinquantaine. S'il avait
suffi de cette création pour détruire la mendicité, *la grande idée de gloire* n'aurait pas été
d'une réalisation bien difficile. Mais qui ne sent
que, pour détruire la misère, il ne pouvait suffire d'escamoter quelques misérables, et de les
tenir sous les verroux. Il est vrai que les prisons
où ils étaient enfermés étaient des maisons de
travail; mais, outre que, dans une situation où
ils étaient défrayés de tout, et où ils pouvaient
se contenter du salaire le plus modique, ils ren-
daient impossible la concurrence des établissemens particuliers, et nuisaient beaucoup aux
ouvriers honnêtes, ils n'apprenaient réellement
pas à gagner leur vie, ils ne se casaient pas, ils
restaient toujours dans la même situation. Aussi
ne tarda-t-on pas à s'apercevoir que ces fonda-

tions n'allaient pas au but qu'on s'était proposé, et les départemens, frappés seulement du surcroît de dépense que les dépôts de mendicité mettaient à leur charge, en demandèrent bientôt la suppression. Il n'en a été maintenu que six, dont deux, ceux de Saint-Denis et de Villers-Cotterets, ont été publiquement signalés, le premier comme un vrai cloaque de dépravation physique et morale, et le second, destiné aux indigens invalides, comme offrant dans son ensemble un aspect non moins affligeant. Les quatre autres sont de simples hospices, qui n'ont pas plus que tous les autres hospices le pouvoir de détruire la pauvreté. C'est tout ce qui reste de *la grande idée de gloire*, et du *décret général* qui devait *porter le dernier coup à la mendicité*.

J'avouerai néanmoins que si les dépôts ne pouvaient avoir pour effet de faire disparaître la population indigente, ni même la population mendiante, ils avaient pourtant l'avantage de tendre faiblement à la multiplier. Ce ne peut être, en effet, un grand encouragement à la population que la perspective, pour sa postérité, de la prison, du bagne, ou, ce qui est pis, de dépôts de mendicité, comme ceux de Saint-Denis, par exemple, où il meurt annuellement un détenu sur trois (1). Mais il serait difficile d'en dire autant des ateliers de travail libre, désignés par le nom d'ateliers de charité. Ceux-là peuvent être considérés comme un encouragement réel à la population misérable. C'est un préjugé administratif malheureusement trop accrédité que tout travail, quel qu'il soit, offert aux gens nécessiteux, est un moyen de diminuer l'indigence. Ce préjugé est une erreur. Il n'y a, dans les travaux offerts aux classes nécessiteuses, de vraiment secourables pour elles que ceux qui sont susceptibles de se renouveler, que les travaux productifs où elles se casent, et dont les résultats permettent de recommencer sans cesse le même labeur, et de lui faire prendre un accroissement progressif. Or, tel n'est point le caractère des travaux exécutés par les ateliers de charité. Ces travaux, intermittens et irréguliers par leur nature, ne peuvent avoir pour effet d'engager dans les voies de l'industrie les classes misérables à qui on les fait faire. Ces classes les regardent comme des espèces d'aumônes, qu'elles peuvent obtenir sans beaucoup d'efforts, sur lesquelles il leur est permis de compter, et l'effet de ces aumônes, comme de toutes, est d'en-

---

(1) Je puise ce renseignement dans l'estimable ouvrage de M. Huerne de Pommeuse, intitulé *des Colonies agricoles*.

tretenir et d'accroître la classe indigente qui les
reçoit.

Peut-être serait-il permis d'attribuer jusqu'à
un certain point le même résultat aux sacrifices
faits pour l'instruction des classes pauvres. Il
semble bien difficile, en effet, que l'établissement, dans toutes les communes d'un pays,
d'écoles où les familles nécessiteuses seront sûres
de pouvoir faire instruire gratuitement leurs enfans, ne contribue pas un peu à l'accroissement
prématuré de ces familles. On sent que cette
perspective d'une éducation gratuite et des effets merveilleux qu'on s'en promet, n'est pas de
nature à fortifier en elles la contrainte morale
qu'elles auraient besoin de se faire pour contenir
dans de justes bornes le principe de la population. Ensuite, si les écoles gratuites excitent les
familles pauvres à s'accroître, et peuvent, sous
ce rapport, aggraver leur état, il ne me paraît
pas évident que ce tort soit compensé par l'instruction que leurs enfans y reçoivent. Ce n'est
certainement pas que l'instruction primaire ne
soit une excellente chose; mais il faut qu'elle
arrive à point. Le genre humain, comme je l'ai
dit ailleurs, n'a pas commencé par apprendre
ses lettres. Il n'y a pas pour un pauvre manœuvre
de liaison très apparente entre l'art grossier
qu'il pratique et la connaissance de l'alphabet.

On ne comprend pas trop ce que cette connaissance peut ajouter aux moyens qu'il a d'accroître
ses ressources, et pourtant, c'est, avant tout,
à ses ressources qu'il serait essentiel qu'il pût
ajouter. Peut-être serait-il sage de le laisser,
d'abord, amasser un certain pécule, et d'attendre, pour lui offrir l'instruction, qu'il en sentît
le besoin d'une manière assez vive, pour être
disposé à la payer. Tout enseignement qui n'est
pas, pour les classes pauvres, un moyen de sortir
de la misère, est un enseignement perdu. Peut-
être, même, n'est-ce pas assez dire. Il y a certainement quelqu'inconvénient à rendre des malheureux plus intelligens et plus sensibles, avant
que leur état soit devenu meilleur. Peut-être ne
fait-on par là que les rendre plus malheureux
encore, plus mécontens de leur sort, plus in-
quiets, plus hardis, plus attaquans, plus redoutables. Un des meilleurs écrivains anglais, Walter Scott, dans un travail recommandable sur la
situation du peuple des campagnes, en Angleterre, observe qu'on a vainement espéré d'améliorer ses mœurs corrompues en s'occupant de
son éducation intellectuelle et morale. « On a
« fait, dit-il, des frais énormes pour le mettre à
« même de participer aux bienfaits de l'instruc-
« tion, dans l'espérance qu'en l'éclairant on le
« rendrait plus honnête; on a construit partout

« des prisons, des maisons de correction, des
« pénitentiaires ; on a formé des associations
« pour catéchiser les détenus : tous ces efforts
« ont été presqu'en pure perte ; ils n'ont dimi-
« nué que très faiblement cette multitude que la
« misère et le désespoir poussent avec une puis-
« sance irrésistible vers la porte de nos géôles et
« de nos pénitentiaires. »

Walter Scott infère de là que les moyens qu'on
a pris pour améliorer la condition du peuple des
campagnes sont peu rationnels, et il observe que
pour amender ses mœurs, il eût mieux valu
commencer par lui offrir les moyens de sortir
de la pauvreté, que de commencer par lui apprendre à lire et à écrire. C'est une observation
qui serait bonne à faire partout, et, pour me
réduire à un seul exemple, je dirai que, dans
certains de nos départemens, les propriétaires
de terres serviraient infiniment mieux l'intérêt
des classes agricoles, en adoptant relativement
aux colons des usages plus humains et plus
éclairés, que ne peut le faire le gouvernement
en instituant des écoles gratuites dans les communes rurales. Parce qu'on voit à peu près partout une certaine aisance coïncider avec une
certaine instruction, on en conclut que l'instruction est la source de l'aisance. L'induction
me semble mal tirée. Ce n'est pas l'instruction

qui vient en première ligne dans les développemens de l'espèce humaine. Nous ne commençons pas par le travail qui peut faire de nous des
hommes lettrés, nous commençons par celui
qui peut nous offrir le plus immédiatement les
moyens de vivre; ce n'est qu'après que nous re-
cherchons une certaine instruction qui a besoin,
encore une fois, de venir à point pour être
utile, ou même pour ne pas être nuisible. L'instruction primaire offerte gratuitement à des
classes non assez avancées pour la payer, et y
puiser les moyens de mieux faire leur tâche,
n'est, je le crains, qu'un leurre dangereux, un
encouragement à la multiplication des misérables, une manière non de détruire, mais de
perfectionner la misère, de la rendre plus sensible à ses maux, de donner plus d'intelligence
et d'énergie aux vices qui l'accompagnent.

Il paraît donc impossible encore de voir un
vrai remède aux souffrances des classes nécessiteuses dans les secours toujours plus considérables et toujours plus insuffisans que leur pro-
digue la charité publique. On ne détruit pas la
misère en l'alimentant; on ne guérit pas le
chancre en lui présentant sans cesse de nouvelles
chairs à dévorer; en traitant ainsi le mal, on en
dissimule une partie peut-être; mais en même

temps qu'on le cache, on le stimule, on l'étend, on le rend de plus en plus incurable.

La conséquence de ces observations n'est pas, on le comprendra sans doute, qu'il faille retirer à la misère les secours de la charité ; mais peut-être est-il vrai de dire que si jamais on la guérit, ce ne sera pas par les secours qu'on lui donne, mais malgré les secours qu'elle reçoit, et qu'il faudra lutter à la fois contre le mal et le remède.

On s'est approché davantage du but, on a proposé contre la pauvreté un meilleur ordre de mesures quand on a demandé la correction de ce qu'il peut y avoir dans les institutions ou dans les lois de contraire au progrès des classes les moins fortunées. Je puis dire d'avance que s'il y a au mal un remède, il est dans les classes mêmes qu'il s'agit d'arracher à la pauvreté, et qu'on ne peut rien attendre de vraiment efficace pour elles que d'elles-mêmes, de leurs efforts, de leur industrie, de leur activité, de leur goût pour l'ordre et l'épargne, de leur prudence en toute chose, et surtout sur l'article de la population. Mais si la société ne peut les secourir que faiblement, s'il faut qu'elles se sauvent elles-mêmes, au moins doit-elle éviter de rien faire qui soit de nature à contrarier les seuls efforts qui peuvent les sauver. Si donc il y avait dans les lois des choses qui fussent de nature à rendre ces efforts plus difficiles ou moins fructueux, ce seraient là des vices qu'il serait on ne peut plus essentiel d'en faire disparaître.

Il peut y avoir dans les lois des choses qui gênent injustement l'ouvrier, qui l'empêchent de tirer le meilleur parti possible de son travail.

Il peut y en avoir qui lui rendent l'épargne difficile, peut-être impossible.

Il peut y en avoir qui le poussent au désordre et à la dissipation.

Il peut y en avoir qui achèvent de le corrompre par les moyens mêmes qu'elles établissent pour le corriger.

La vérité prescrit d'ajouter qu'en fait, il y a dans nos institutions et dans nos lois plus ou moins de toutes ces choses.

Ainsi notre législation industrielle ne tient peut-être pas toujours une balance suffisamment égale entre le maître et l'ouvrier. Cette législation, telle qu'elle est faite, permet aux maîtres de se concerter pour régler le prix des travaux, et ne les punit que lorsque ce concert tend à forcer *injustement et abusivement* l'abaissement des salaires; tandis qu'elle ne paraît pas admettre que les ouvriers puissent jamais se concerter *justement*, et punit de leur part toute coalition. Ensuite les maîtres, pour fait de coalition, ne sont pas punis, à beaucoup près, aussi sévèrement que les ouvriers, encore bien que l'accord entre eux soit infiniment plus aisé, et paraisse beaucoup plus condamnable. Les maîtres sont moins punis pour une coalition injuste et abusive, que les ouvriers pour une coalition innocente, puisqu'il ne peut pas y avoir de coalition innocente de la part des ouvriers, et que la loi punit chez eux tout accord dont l'objet serait d'élever le prix des salaires. Enfin les maîtres trouvent encore dans la police des livrets et dans les difficultés qu'ils peuvent faire pour les remettre, un moyen d'empêcher la désertion de leurs ateliers et de faire bon gré mal gré supporter aux ouvriers des réductions de salaires. On a vu maints exemples de ceci du temps de l'empire et de la restauration.

Pendant que la législation industrielle ne protége peut-être pas le travail et la liberté des ouvriers avec une équité suffisante, la législation financière, les impôts de consommation, notamment, attaquent les produits de leur travail d'une manière assez grave pour leur rendre la vie difficile, et à plus forte raison l'épargne. On ne peut nier, par exemple, que les droits d'octroi et certaines contributions indirectes, l'impôt sur le sel, l'impôt sur les boissons, etc., ne contribuent assez sensiblement à enchérir quelques objets principaux de leur consommation. On ne peut nier davantage que les impôts qui pèsent sur eux ne joignent à l'inconvénient d'être assez lourds, celui de n'être pas toujours équitables, et, par exemple, que le travail ne subisse des contributions variées et onéreuses, pendant que le luxe est épargné.

Il arrive d'un autre côté que dans le temps où l'impôt rend aux ouvriers la vie chère et le gain difficile, certaines institutions, et, par exemple, les établissemens de charité, agissant dans le sens de leur imprévoyance, les excitent à ne rien épargner; que des préceptes religieux mal interprétés sont tournés même contre leur bien-être, et leur font un devoir de croître et de multiplier sans raison; que des maisons de jeu, des loteries, et d'autres établissemens corrupteurs, contribuent encore à les détourner des habitudes d'économie et d'ordre, et les portent plus ou moins à la débauche et à la dissipation; que certains systèmes de pénalité, loin de contribuer à les corriger, ne servent qu'à achever de les corrompre. On sait, par exemple, ce qui a pu être dit jusqu'à ces derniers temps, de certaines peines infamantes qui flétrissaient par anticipation l'homme qu'il s'agissait de ramener au bien, et le marquaient tout d'abord du sceau d'une réprobation éternelle. On sait ce qu'on peut dire encore de nos prisons et de nos bagnes, qui punissent et ne corrigent pas : qui, loin de corriger, corrompent; qui sont des maisons non de correction, mais de corruption ; qui perfectionnent les mauvais penchans du vice, qui fortifient l'éducation du crime, qui font des scélérats consommés d'hommes qui n'étaient pervers qu'à demi.

Il se trouve ainsi que, dans le temps où la société fait l'aumône d'une main, elle crée la pauvreté de l'autre ; qu'elle travaille d'une part à améliorer le sort des classes laborieuses, et que d'un autre côté elle contribue à empirer leur état ; qu'elle les abat en même temps qu'elle les relève; que pendant qu'elle les tire en haut, il se trouve aussi qu'elle les tire en bas, et les enfonce dans le bourbier un peu davantage.

C'est donc une fort bonne pensée que de viser à mettre de l'accord dans les lois, en ce qui touche au sort des classes les moins heureuses, et à en faire disparaître tout ce qui leur nuit, tout ce qui tend à rendre leurs efforts moins fructueux ou plus difficiles.

Cependant il faut se garder de croire que la vraie source du mal qui les mine soit dans les lois, et qu'il suffirait de corriger les lois pour y porter remède. On ferait disparaître de la législation et des institutions tous les vices que je viens de signaler, qu'en rendant l'amélioration du sort des malheureux plus facile, on ne serait nullement certain encore de voir leur condition s'améliorer.

Nos prisons peuvent, sans doute, être corruptrices; mais il n'y a pas pour les malheureux nécessité absolue d'aller en prison. Les maisons de jeu, les monts-de-piété, les loteries, ne sont pas des institutions très favorables à l'épargne; mais il n'existe pas de telles institutions partout. Certains préceptes religieux mal interprétés peuvent porter à abuser du mariage; mais on ne voudra pas me persuader, sans doute, que c'est par principe de religion que tant de misérables font naître dans la misère et la mendicité tant de pauvres et tristes enfans. Il se peut que certains impôts rendent le travail moins profitable; mais on sait que ce que pourraient gagner, par la suppression de l'impôt, les gens qui travaillent, est peu de chose en comparaison de ce qu'ils pourraient attendre d'une vie mieux employée. Il est vrai que les contributions sont lourdes, et peuvent contribuer à rendre la vie chère, et l'épargne malaisée; mais celles que le fisc prélève ne sont certainement pas les plus fortes de celles que les malheureux ont à payer. On connaît ces sages

paroles de Franklin : « Si nous n'avions d'im-
« pôts à payer que ceux que le gouvernement
« nous demande, on y pourrait suffire encore ;
« mais ceux dont nous grèvent notre paresse,
« notre orgueil, notre gourmandise, sont bien
« autrement onéreux. » Il est probable que la
guinguette placée à la barrière coûte aux malheureux beaucoup plus que l'octroi ; et s'il est
douteux qu'en diminuant les droits d'octroi on
fît beaucoup baisser le prix des boissons et des
comestibles, il est plus douteux encore qu'en
faisant baisser le prix des boissons et des comestibles, on rendît les classes ouvrières plus ran-
gées.

Il n'est peut-être pas un des expédiens que je
viens de passer en revue qui, bien employé, ne
présentât quelque côté utile, et ne pût servir à
améliorer la condition des classes en faveur de
qui on propose d'y avoir recours. Le droit de
suffrages, convenablement exercé, offrirait à ces
classes un moyen indirect de faire disparaître de
la législation ce qui nuit à leur avancement.
Nous avons vu qu'il pouvait y avoir manière
d'associer les ouvriers aux bénéfices des maîtres
sans injustice, et même avec avantage pour
ceux-ci. L'accord des ouvriers qui n'aurait pour

objet que de déjouer l'injuste concert des chefs d'entreprise , pourrait certainement produire d'heureux effets. Il n'est probablement pas impossible de donner à la charité, qui, mal dirigée, produit des effets si déplorables, une direction plus éclairée. Nous venons de voir enfin combien il y a de choses qu'on pourrait, avec profit pour les classes les moins heureuses, faire disparaître de certaines branches de la législation. Le principal tort des publicistes qui ont recommandé ces divers moyens, est de s'être trompés sur l'emploi qu'on pouvait en faire, et plus encore sur la portée qu'il était raisonnable de leur attribuer; d'avoir supposé qu'on pouvait relever les classes ouvrières de leur état, pour ainsi dire sans leur concours et leurs vices restant les mêmes ; de s'être occupés de l'amélioration de leur sort, sans dire un seul mot des seules choses qui puissent réellement l'améliorer.

Et pourtant il faut bien le déclarer, si l'on a plus à cœur de les servir que de leur plaire, les causes véritables de leur détresse ne sont ni dans l'éloignement où on les tient de la vie publique, ni dans une mauvaise organisation de l'industrie, ni dans ce que les lois économiques, pénales et financières peuvent offrir à leur égard d'injuste ou de vicieux. Non, les causes radicales de leur malheur sont en elles-mêmes, dans leur apathie, leur insouciance, leur défaut d'économie, leur penchant à la dissipation et au désordre; elles sont surtout dans leur ignorance des causes qui font hausser ou baisser le prix du travail, et, pour terminer par la cause la plus profonde de leur détresse, dans l'abus que leur grossièreté les porte à faire du mariage, dans le nombre toujours croissant de concurrens qu'elles se suscitent à elles-mêmes, et qui va faisant sans cesse baisser les salaires à mesure que les progrès de l'industrie et la demande toujours plus grande de main-d'œuvre, tendraient naturellement à les élever.

Je prie que l'on s'arrête un moment à considérer l'extension immense qu'ont prise, depuis cinquante ans, tous les travaux, et par conséquent celle qu'a dû prendre la demande de main-d'œuvre, et qu'on se demande ensuite à quel prix la main-d'œuvre serait montée si les classes qui la fournissent avaient su éviter d'en avilir le prix en la multipliant trop, si elles n'avaient pas augmenté la masse des ouvriers, plus encore que le temps n'a accru la masse de l'ouvrage.

Il y aurait à faire, je le sais, des plaintes très éloquentes sur la manière dont les choses ont commencé, sur le partage inégal qui s'est fait d'abord de la richesse, sur l'expropriation originaire des classes les plus nombreuses de la société, sur l'état de servitude où elles ont été retenues durant des siècles, sur les charges dont elles sont encore grevées, sur les injustices dont les forts se sont partout rendus coupables envers les faibles ; mais une remarque non moins juste et beaucoup plus utile à faire que toutes celles-là, c'est que les traces de ces violences seraient depuis long-temps effacées si les classes laborieuses l'avaient voulu ; si, depuis qu'elles disposent d'elles-mêmes et des fruits de leur travail, elles avaient su se montrer à la fois habiles, actives et prudentes ; si, plus soigneuses d'accroître leur pécule que leur postérité, elles avaient, à chaque génération, laissé après elles, avec des ressources plus considérables, des ouvriers mieux élevés, plus habiles et pas trop nombreux.

Telle est, au reste, l'énergie et la vitalité des moyens que j'indique, qu'aujourd'hui même, et malgré l'avilissement auquel a réduit, en certains lieux, la main-d'œuvre la multiplication désordonnée des ouvriers, il n'est pas de pauvre famille qui ne pût puiser dans la pratique de ces moyens, c'est-à-dire dans le travail, l'épargne, et un usage circonspect des forces reproductives de la population, l'espoir fondé d'arriver à une position supportable, et de se mettre au-dessus du besoin.

Dira-t-on qu'il importe peu à une bonne famille d'ouvriers d'user sagement du mariage,

tant qu'autour d'elle une multitude de misérables continuera de pulluler sans retenue et sans
mesure, et tiendra constamment la main-d'œuvre à vil prix? Je répondrai que, même en une
telle situation, une famille d'honnêtes ouvriers
trouvera le plus grand avantage à ne pas trop
se multiplier; que c'est là surtout où la main-
d'œuvre est à bas prix qu'elle doit éviter d'accroître ses charges; que c'est là surtout où abon-
dent les ouvriers qu'il lui importe d'avoir peu
d'enfans; que moins elle en aura, et plus il lui
sera aisé de les bien dresser, et tout à la fois de
leur procurer de l'ouvrage.

Dira-t-on que la réduction du nombre des
ouvriers, en élevant le prix de la main-d'œuvre,
nuirait aux progrès de l'industrie, et par cela
même aux classes ouvrières? Je répondrai que
rien, au contraire, ne serait plus propre à hâter
les progrès de l'industrie, et à bien servir, sous
ce rapport, l'intérêt des classes ouvrières, et
l'élévation du prix de la main-d'œuvre; que
rien, en effet, ne serait plus capable qu'une
telle circonstance, de stimuler le génie des entrepreneurs, de les exciter à remplacer le travail
de l'homme par celui des machines, et que les
machines, dont le premier effet est de nuire aux
ouvriers qu'elles supplantent, sont pourtant, en
définitive, le meilleur et le plus puissant moyen

d'améliorer la condition des classes ouvrières ; car leur effet le plus constant est de donner plus d'extension aux travaux, de créer une multitude d'occupations nouvelles, par suite de provoquer une demande plus considérable d'ouvrage, par suite de rendre les salaires plus élevés, et, dans le temps où elles multiplient et élèvent les salaires, de faire baisser sensiblement le prix d'une multitude de produits, et tout à la fois de rendre les travaux des ouvriers moins rebutans et moins pénibles. De sorte qu'à quelque degré de perfection que l'industrie soit parvenue, et que les salaires se soient élevés, il est, ce semble, toujours au pouvoir des classes ouvrières, en évitant de trop multiplier les ouvriers, et en tenant à un bon prix la main-d'œuvre, de provoquer de nouveaux perfectionnemens, et par suite d'amener des améliorations inévitables dans leur condition.

La vérité est que le sort de ces classes est dans leurs mains, et qu'il dépend d'elles de le faire ce qu'elles veulent qu'il soit ; car, chargées de pourvoir le marché de main-d'œuvre, il est en leur pouvoir de faire, comme je l'ai dit, sinon qu'elle soit plus demandée, du moins qu'elle soit moins offerte, qu'il y ait sur la place moins d'ouvriers. Voulez-vous, leur dirai-je, que la main-d'œuvre ait de la valeur ? faites *qu'elle devienne moins commune et qu'elle gagne en qualité :* cela vaut mieux que les émeutes, cela vaut mieux que les coalitions. Cette denrée suit la condition de toutes les autres : elle s'avilit quand elle abonde, et qu'elle est de médiocre aloi ; elle hausse de prix quand elle est rare et bonne. N'élevez donc pas trop d'ouvriers, et dressez-les de la bonne manière. Que si vous évitez d'en trop charger la place et savez en faire des hommes habiles et actifs, vous pouvez compter qu'ils ne manqueront pas d'ouvrage, et ne seront pas embarrassés de tirer un bon prix de leur travail ; mais que si vous les multipliez hors de propos, et si vous les dressez mal, il n'y aura pas puissance au monde qui puisse faire que ce que vous aurez élevé de trop et mal élevé ne souffre, et ne fasse souffrir tout le reste.

Le fait est que si les classes laborieuses, dont le sort est pourtant fort amélioré, ne sont pas aussi heureuses qu'elles pourraient l'être, il faut surtout l'attribuer à l'absence de tout frein et de toute règle dans l'usage qu'elles ont fait du principe de la population. L'industrie a eu beau se développer, la demande du travail a eu beau s'étendre, la population ouvrière s'est encore plus accrue. Cette population qui n'avait point de capital amassé, qui ne possédait de fortune que ses bras, qui ne pouvait multiplier beaucoup les bras sans risquer d'avilir la seule chose qui fît sa richesse, le seul moyen qu'elle eût de subsister, qui, par conséquent, était plus intéressée qu'aucune autre à ne pas croître hors de mesure, est précisément celle qui s'est le plus accrue; elle a suivi une progression incomparablement plus rapide que les classes riches ou aisées; et tel a été l'abus qu'elle a fait du principe de la population, qu'elle a rendu perpétuellement vains tous les moyens d'améliorer son sort qu'ont pu lui offrir les dons de la charité, les efforts de la philanthropie, les progrès toujours plus grands du travail et de la richesse.

En général, telle est l'absence de règles qui se fait remarquer dans le développement de la population, que les économistes la considèrent comme obéissant, dans ses progrès, à une loi fatale, et indépendante de la volonté du genre humain. « L'homme se marie par sa volonté; mais les suites du mariage, c'est la Providence qui les règle. Les mariages sont plus ou moins féconds, selon que les subsistances sont plus ou moins abondantes. Les subsistances et la population sont deux choses qui se suivent, et qui, comme les liquides, prennent nécessairement leur niveau. Les subsistances, il est vrai, ne se développent que suivant une progression arithmétique, tandis que la population suit, dans ses

développemens, une progression géométrique ;
mais la population, qui croît aussi beaucoup
trop rapidement, est sans cesse ramenée à son
vrai point par la loi des subsistances. On dirait
que la volonté de l'homme n'est pour rien dans
tout cela, et que les choses vont suivant des lois
placées hors de sa puissance, et dont il n'a aucun
moyen de modifier les effets. »

Ce n'est pourtant pas que ces énonciations
soient exactes. Il n'est vrai ni que les subsistances
suivent nécessairement une progression arithmétique, ni que la population suive nécessairement une progression géométrique, ni que les
progrès de la population et des subsistances soient
indépendans de la volonté du genre humain. On
ne voit pas pourquoi les végétaux et les animaux
dont l'homme se nourrit ne seraient pas susceptibles de se multiplier aussi rapidement que l'espèce humaine. On ne voit pas non plus pourquoi
l'homme ne pourrait rien sur le progrès des
alimens dont il se nourrit, ni sur celui de sa
propre espèce, et pourquoi ces choses avance-
raient malgré lui, d'un pas si inégalement rapide, la population comme 1, 2, 4, 8, etc., et
les subsistances seulement comme 1, 2, 3,
4, etc. Le fait est qu'il dépend tout-à-fait de lui
de régler autrement la progression de ces deux
choses, et que, dans la réalité, les moyens

d'existence croissent plus rapidement que la population ; que chez nous, par exemple, suivant les calculs statistiques qu'on peut regarder comme les moins fautifs, la population, depuis le commencement du dix-huitième siècle, n'a fait que doubler, tandis que les richesses sont devenues six fois plus considérables. Mais ce qui est malheureusement encore plus certain, c'est que si certaines classes ont été plus soigneuses d'accroître leurs ressources que leur postérité, d'autres, au contraire, ont plus accru leur postérité que leurs ressources, et que dans les derniers rangs, par exemple, la population s'est accrue plus vite que les moyens de subsister ; que les familles qui avaient le plus besoin de conserver de la valeur à leur travail, qui était leur seule richesse, se sont toujours arrangées pour que leur travail fût à vil prix.

Il y a donc pour ces classes, si elles veulent voir leur sort s'améliorer, nécessité absolue, non seulement de redoubler d'efforts, d'industrie, d'activité, d'économie, mais surtout de donner de la valeur à leur ouvrage, en évitant de multiplier trop le nombre des ouvriers.

On a demandé que le pauvre attendît, pour se marier, d'avoir acquis les moyens d'élever une famille. Le remède peut être à la fois *impraticable* et *insuffisant*. *Impraticable*, car une famille, ce peut être huit, dix, douze enfans, comme un enfant; et demander à un pauvre ouvrier, quelque honnête et laborieux qu'il puisse être, de ne se marier que lorsqu'il aura de quoi élever un nombre illimité d'enfans, c'est, à vrai dire, lui demander de ne se marier jamais ; *insuffisant,* car quand cet ouvrier attendrait d'avoir acquis les moyens d'élever une famille nombreuse, le moment pourrait venir où il serait obligé de s'arrêter, et de borner la fécondité de son mariage. Des ouvriers auraient beau se marier tard, attendre d'avoir acquis un certain pécule, il n'y aurait pas de précautions prises avant le mariage qui pussent les dispenser totalement d'en avoir après.

Il est fort désirable, sans doute, que les mariages ne soient pas trop hâtifs; mais ce qui est particulièrement à désirer, c'est qu'un peu de raison et de vertu en règlent les conséquences. « L'essentiel, comme je l'ai imprimé ailleurs (1), n'est pas de différer le mariage jusqu'à ce qu'on ait de quoi élever un nombre indéfini d'enfans ; l'essentiel est de n'avoir d'enfans, même dans le mariage, que lorsqu'on est en position de les élever, lorsqu'on peut croire qu'en les appelant

____

(1) *Nouveau Traité d'Economie sociale*, chap. XXV, tome II, p. 101.

à la vie, on ne va faire une chose funeste, ni pour eux, ni pour soi-même : l'essentiel est de ne pas rendre son mariage plus prolifique que son industrie. Ce besoin d'en limiter la fécondité, ce soin de proportionner toujours l'étendue de sa famille à la grandeur de sa fortune, est un soin dont nul ne peut sensément se dispenser, et dont heureusement peu de personnes se dispensent, au moins dans les rangs un peu élevés de la société. A cet égard, comme à plusieurs autres, la morale de la portion instruite de la société vaut mieux que celle des casuistes. Ce n'est que dans les classes indigentes et peu éclairées que l'on continue à user du mariage sans discrétion, sans retenue, sans vouloir se soumettre le moins du monde à l'espèce de contrainte morale qui est nécessaire pour en modérer les effets. De tous les désordres de la société, celui-ci est peut-être le plus funeste. Il n'y a pas de véritable amélioration à attendre pour les classes inférieures, tant que ces classes continueront, non pas à se marier, mais à faire un si déplorable abus du mariage, tant que chaque nouvel accroissement de la richesse sera rendu vain par un nouvel accroissement de la population, tant que le nombre des ouvriers allant toujours croissant, les capitaux et les travaux pourront se multiplier sans qu'il en résulte aucune augmentation dans les salaires. »

Il serait étrange que de tels principes pussent jamais devenir un objet de blâme ou de raillerie. On ne voit pas trop, en effet, par où ils pourraient donner prise à la critique, et ce qu'on en voudrait blâmer dans la forme ou dans le fond. Il suffit de les comparer à certains articles du Décalogue, et, par exemple, à ces sixième et neuvième commandemens, que doivent répéter deux fois par jour les bouches les plus pudiques, pour les trouver, quant à la forme, parfaitement modestes ; et quant au fond, je ne sais quelle morale pourrait s'offenser de cette remarque que le mariage n'affranchit pas de toute contrainte, et qu'alors même qu'ils ont été unis par le prêtre, des époux ont encore quelque frein à s'imposer.

Il est incroyable que l'action d'appeler des hommes à la vie, celle, sans contredit, des actions humaines qui tire le plus à conséquence, soit précisément celle qu'on a le moins senti le besoin de régler, ou qu'on a réglée le plus mal. On y a mis, il est vrai, la façon de l'acte civil et du sacrement ; mais, le mariage une fois contracté, on a voulu que les suites en fussent laissées, pour ainsi dire, à la volonté de Dieu.

La seule règle prescrite a été qu'il fallait ou s'abstenir de tout rapprochement ou ne rien omettre de ce qui pouvait rendre l'union féconde. Tant que des époux peuvent croire qu'ils ne font pas une œuvre vaine, la morale des casuistes ne trouve rien à leur reprocher ; qu'ils se manquent à eux-mêmes, qu'ils abusent l'un de l'autre, qu'ils manquent surtout au tiers absent et peut-être infortuné qu'ils vont appeler à la vie, sans s'inquiéter du sort qui l'attend, peu importe : l'essentiel n'est pas qu'ils s'abstiennent d'un acte triplement nuisible, l'essentiel est qu'ils évitent de faire un acte vain. Telle est la morale des casuistes, morale à rebours de toute morale et de tout bon sens ; car ce que veulent le bon sens et la morale, ce n'est sûrement pas tant qu'on s'abstienne de faire des actes vains que de faire des actes nuisibles.

— Aussi la vérité est-elle, en dépit de ces erreurs désastreuses, que si des époux ne doivent pas regarder comme blâmable tout rapprochement qui ne tendrait pas à accroître leur postérité, ils ont pourtant, même au sein de l'union la plus légitime, des ménagemens à garder soit envers eux-mêmes, soit l'un envers l'autre, soit l'un et l'autre surtout envers les tiers qui peuvent être le fruit de leur union. Il va sans dire que le sacrement n'affranchit pas de toute règle la chose du monde qui veut être le plus réglée, le mouvement des naissances et de la population. Le mariage, sans doute, a pour objet l'accroissement de l'espèce; mais son accroissement judicieux, son accroissement proportionné aux moyens que l'espèce a de vivre. Est-ce obéir, je le demande, aux préceptes de l'Écriture que de multiplier le nombre des malheureux? Est-ce accroître l'espèce que de procréer des myriades d'êtres destinés à une prochaine et inévitable destruction? Des époux ne sont pas pardonnables qui, avant d'appeler un enfant à la vie, ne prennent pas la peine d'examiner s'ils vont l'appeler à une vie heureuse ou misérable.

Dieu bénit les nombreuses familles, dit-on. Oui, certes! On dit aussi :

> Aux petits des oiseaux il donne la pâture.

Les oiseaux, pour vivre, n'ont qu'à ouvrir le bec; les hommes n'ont qu'à ouvrir la bouche. Voit-on les oiseaux se gêner beaucoup pour multiplier le nombre de leurs petits? Pourquoi s'imposerait-on plus de contrainte? Que peut-on faire de mieux que de se conduire comme les animaux? Croissez donc, et multipliez sans réserve : Dieu se charge de nourrir, d'élever, d'établir vos enfans; plus le nombre en sera grand, et plus la part de chacun dans l'héritage

paternel sera considérable; plus il y aura d'ouvriers sur la place, et moins ils auront de peine
à trouver du travail; plus la main-d'œuvre sera
offerte, et plus le prix en sera élevé; plus les
hommes machines seront nombreux, et plus les
entrepreneurs sentiront le besoin de perfectionner leurs mécaniques : il n'est pas de perfectionnemens qu'on ne doive attendre de la
multiplication indéfinie des ouvriers. Cet accroissement profitera surtout aux ménages pauvres : il est clair que moins on a de ressources,
et plus on peut élever d'enfans; il est clair que
les classes où l'on n'a que ses bras pour vivre
sont surtout celles où il importe de multiplier
le nombre des bras. Ainsi, que les malheureux
croissent et multiplient à outrance! qu'ils croissent pour la plus grande gloire de Dieu! qu'ils
croissent pour le salut des âmes charitables qui
font métier et marchandise de charité! qu'ils
croissent pour l'honneur des philanthropes,
pour l'illustration des bureaux de bienfaisance,
pour la splendeur des hospices! qu'ils croissent
pour les derniers et les plus rudes travaux de
l'industrie! qu'ils croissent pour la prospérité
des lieux de débauche! qu'ils croissent pour la
prison et pour le bagne! qu'ils croissent pour
tout ce qui réclame des malheureux! Que deviendrait l'émeute, si elle ne trouvait plus de

misérables à ameuter ? que deviendrait le despotisme sans l'émeute ? que deviendrait l'anarchie
sans un peu de despotisme ? Despotisme, anarchie, émeute, les misérables sont la matière
première de tout cela....

Mais quittons la raillerie, quelque facile et
légitime qu'elle pût être. Comme il n'est pas de
chose déplorable qui ne puisse se recommander
par quelque bon côté, j'avouerai que l'abus que
fait du principe de la population un si grand
nombre de familles, au milieu des effets désas-
treux qu'il produit, peut présenter quelques
résultats favorables ; je conviendrai que plus
une famille est nombreuse, et plus il y a chance
qu'il s'y rencontre quelque sujet distingué ; que
plus une famille est nombreuse, et plus il y a
pour tous ses membres nécessité de se livrer au
travail ; que ce double effet peut, dans certaines
situations, avoir d'heureuses conséquences. Mais,
en convenant de la possibilité de ces résultats,
j'ajouterai qu'ils ne compensent pas ce qu'un
excès de population engendre habituellement de
misère, de souffrance, de vice, et que d'ailleurs
une population excédante n'est nullement nécessaire pour exciter l'émulation et déterminer
de grands efforts ; que si une certaine concurrence stimule, une concurrence trop forte dé-
courage et affaiblit ; qu'enfin la première et la

dernière des nécessités pour arriver à la destruction de la misère, c'est qu'il y ait des bornes à l'accroissement des familles que la misère a envahies ; que le problême, sans cela, est insoluble ; qu'à la rigueur, une classe dont les richesses ne font aucun progrès peut ne pas souffrir, si sa population reste inférieure à ses ressources ; mais que la classe la plus industrieuse, la plus active, la plus morale, la plus puissamment secourue, si sa population croît plus rapidement encore que ses moyens, doit rester inévitablement misérable.

Je suis en mesure, après la discussion dans laquelle je viens d'entrer, de répondre à la question qu'il s'agissait de résoudre, et de dire si le gouvernement a fait ce qu'il pouvait et devait faire pour les classes les plus nombreuses et les moins fortunées.

Il faut que cette discussion ait été bien imparfaite, s'il n'en est pas résulté pour le lecteur la conviction que le gouvernement ne peut directement que très peu de chose pour l'amélioration du sort de ces classes ; qu'il ne parviendrait pas, en leur donnant beaucoup, à les enrichir ; qu'il n'y parviendrait pas en leur donnant tout ; que pût-il leur donner la richesse matérielle, il ne leur donnerait pas la richesse intellectuelle et morale ; que rien n'est si impossible que d'improviser leur fortune et leur éducation ; que leurs progrès doivent être surtout leur propre ouvrage, et qu'on ne peut, pour ainsi dire, rien attendre pour elles que d'elles-mêmes, de leurs efforts, de leur activité patiente, de leurs lentes accumulations, du soin qu'elles mettront à ne pas accroître leur postérité plus rapidement que leur fortune.

En réalité, le gouvernement n'a fait, dans l'intérêt de ces classes, presque aucune des choses qui lui étaient demandées, et, en réalité, il a eu presque toujours raison.

Il ne leur a accordé, et il a eu raison, ni le suffrage politique pour changer le régime de la propriété, ni la communauté des biens, ni le droit d'entrer en partage des bénéfices des entrepreneurs, ni celui d'élever forcément le prix de la main-d'œuvre.

Il a, au contraire, et c'est le plus grand service qu'il pût leur rendre, réprimé aussi vigoureusement qu'il l'a pu tout ce qui a pu être fait de tentatives violentes pour améliorer soi-disant leur condition.

Il a joint à ce service celui de les secourir de

son mieux dans les momens difficiles que les a forcées de traverser l'esprit de désordre de leurs prétendus amis. Ces secours étaient bien insuffisans sans doute; il n'était pas en sa puissance de réparer tout le mal que leur faisait endurer l'émeute et la guerre civile; mais ils témoignaient au moins de ses bonnes intentions.

Il a montré le désir de les aider d'une manière plus durable en instituant dans toutes les communes du royaume des écoles où les indigens pourraient recevoir gratuitement l'instruction. Je ne sais pas si cet ordre d'établissemens est de nature à les servir aussi utilement qu'on l'espère; mais il témoigne assez clairement encore des intentions bienveillantes du gouvernement.

Le gouvernement, toujours en vue de leur intérêt, a, de plus, adouci la législation pénale, supprimé certaines peines infamantes, laissé plus de latitude aux condamnés en surveillance pour chercher des lieux où ils pussent se procurer du travail, continué à s'occuper de l'amélioration du régime des prisons et des bagnes.

Il a donné aux mêmes classes plus de liberté, et le moyen de mieux assurer le prix véritable de leur travail, en manifestant l'intention de ne point sévir contre les coalitions inoffensives.

Il eût été désirable sans doute qu'il pût réduire plus qu'il ne l'a fait les impôts qui pèsent sur elles; mais, outre que cette réforme offrait à l'exécution les plus grandes difficultés, nous avons vu que ce qu'elles pouvaient gagner par la réduction de l'impôt était très inférieur à ce que pourrait leur procurer un meilleur emploi de leurs forces.

Le plus grand bien que le gouvernement pût leur faire, après ce qu'il a fait pour réprimer le désordre et empêcher l'interruption des travaux, c'était de leur montrer ce qu'elles pouvaient attendre du bon emploi de leurs forces, c'était de leur apprendre qu'elles ne pouvaient presque rien espérer que de là, c'était enfin de dégager la question de leur avancement de tous les nuages, de toutes les illusions, dont se sont plu à l'entourer des illuminés ou des fauteurs de troubles.

Je voudrais que cette discussion pût remplir un peu cette lacune, la plus fâcheuse de celles qui se laissent apercevoir dans le bien qu'on lui reproche à cet égard de n'avoir pas fait.

Amiens, 10 mai 1834.

CH. DUNOYER,

Membre de l'Institut, Académie des Sciences morales et politiques.